好習慣，害死你

你以為的好習慣，正在耽誤你的人生

1つずつ自分を変えていく
捨てるべき40の「悪い」習慣

午堂登紀雄——著

賴郁婷——譯

目次

第一部　語言

第二部　人際關係

第三部 物品與金錢

第四部　工作術

第五部　工作方法

前言

看過目次之後，其中應該有讓你覺得「跟自己有關」的項目吧。

如果完全沒有讓你有這種感覺的項目，現在就請你闔上這本書，把它放回書架上也無妨。

不過，如果發現有讓你想「捨棄」的項目，請務必將這本書隨時放在身邊參考，直到完全捨棄那樣東西為止。

每當捨棄一樣東西，你的人生就會漸漸產生實質的改變。而當你捨棄掉所有想拋棄的東西之後，無論是想做的事、重視的事物或是未來的目標，一切都會變得更加明確。

到了那時，就是你放下這本書的時機了。那個階段的你，應該已經不再需要像本書這類的勵志書了。接下來，你應該做的，是將閱讀的重心轉移到對自己的未來目標提供幫助的「實用類」書籍。

——午堂登紀雄

第一部

語言

01

捨棄否定句

無法捨棄的人

優秀的人離你遠去，負面的人向你靠攏。

成功捨棄的人

學會可以達成目標的「正面思考」。

「我做不到。」

「這風險太高了。」

「做了也沒用。」

「好無聊。」

有人習慣將類似這樣的話掛在嘴邊。

不管怎樣，現在就立即戒掉這樣的「否定句」吧。

因為否定句具有某種負面能量，會使提拔你或幫助你的人，離你遠去。

對於會說出「我做不到」或「這風險太高了」的人，沒有人會想提供建言，更不會想提供幫助。大家都會認為，這樣的人「不管跟他說什麼，他一定會覺得行不通」，無法接受任何有用的建議或協助。

對於老是說「做了也沒用」、「好無聊」的人，也不會有人想找這樣的人一起嘗試新事業或具挑戰性的企畫，因為大家都覺得一定會被潑冷水。久而久之，這樣的人就不會再有新的機會找上門了。

不只如此，否定句甚至會讓人停止思考。**面對任何事物，一旦認為「做不到」、「沒有用」，大腦便會停頓下來，不再做更深入的思考，也就不會試圖尋找解決問題的方法，即便事情仍有一絲的可行性。**

舉例來說，如果有人跟你說：「我知道有個方法可以移民海外。」你會怎麼想？

大多數人的直接反應，恐怕都是「我在這裡還有工作，不可能移民」，或是「在這邊還有房子，辦不到啦」、「到了國外，語言又不通，怎麼可能移民」等。有這些念頭的同時，你的大腦就已經放棄思考，不再尋求移民的方法了。

◉全力啟動大腦，一定能找到解決方法

但事實上，移民真的辦不到嗎？

例如，以「國名＋房地產」等關鍵字去搜尋，會發現全世界很多國家都有日本人所經營的房地產服務，如此一來，就能透過這些管道在當地找到住所。又例如，以「國名＋簽證」去檢索，就能得知想取得當地長期居留證需要具備哪些條件。

以我過去所待的菲律賓來說，只要在當地銀行內存有兩萬美元的存款，並每年繳交三百六十美元的簽證延期費，就能取得一年期限的長期簽證。至於房租，在宿霧等比較廉價的地區，兩房兩廳每個月只要五千披索（約一百五十美元）就能租得到。

也有人會擔心移民之後孩子的教育問題，但其實某些國家的國際學校，學費都比日本國內的國際學校還要便宜。以我在當地擁有不動產的馬來西亞為例，那裡的國際學校一年學費只要約五十萬日圓，而且還能學到英文和中文。

再加上本身的母語日文，孩子就等於具備了足夠能力，可以活躍於國際上大部分的工作環境。

接下來是賺取收入的問題。

以翻譯、寫作、設計相關工作來說，最後可以用電子資料交稿，因此在任何地方都可以工作。或者也可以在網路上搜尋「海外就業」，會出現很多海外求職網站，便能從中選擇日系企業的海外分公司來工作。

寫到這裡，我嘗試搜尋了一下海外工作，發現一則「日系企業駐馬來西亞現場工地品管員，月薪三十萬日圓」的徵才廣告。以月收入平均不到十萬日圓的當地物價水準來看，這樣的待遇可以說非常優渥。不過，這個工作的應徵條件中，有一項是「必須具備英文能力」，因此想要獲得這份工作，只要從現在開始馬上學習英文就可以了。

現在，在Skype上有很多一對一的英語會話課程，價錢大約每三十分鐘一百五十日圓。換算下來，每天兩小時的課程只要六百圓，差不多是一頓午餐的費用而已。

全力啟動大腦，努力搜尋資訊，找出合理的可能辦法。如此一來，就會清楚看見阻礙成功的要素，就能想出方法來一一消除這些困難了。

那些說「做不到」的人，真的有這樣深入思考、想過辦法嗎？老是把否定句掛在嘴邊，是非常危險的行為，因為這麼做等於是主動拋棄了自己的可能性。

02

捨棄凸顯自己的努力

無法捨棄的人

被視為自以為是、囉哩囉唆的人。

成功捨棄的人

專注於成果，努力獲得好評。

「我被上司責罵了，可是他完全沒看到我的努力。」

「這個社會的體制實在太不公平了！我這麼努力，年收入卻只有這樣。」

這種「我很認真」、「我很努力」的說法，也是使用不得的代表句子之一。

「認真」、「努力」這類的句子，應該是用來評價自己以外的他人，並非用來在他人面前自我評價、凸顯自己。

舉例來說，如果你覺得一天打五十通業務電話就稱得上是「很努力」，但說不定其他公司的最佳業務員一天會打一百通電話。

又例如，一天努力工作十二小時，年收入只有三百萬，覺得這實在太不公平而感到不滿。但或許在其他行業中，有人一天工作十六小時都還嫌不夠。

事實上，在我以前所任職的管理顧問公司中，一天工作二十小時是常有的事，而且通常都沒有週末假日可言。即便如此，大家還是做得很起勁，沒有任何人感到不滿或不公平。

華人和韓國人面對工作時也是同樣的態度，尤其是企業菁英，他們在工作上的努力更是日本人所無法想像的。甚至在日本，週日有營業的餐廳，通常都是中菜館，由此可知他們連假日都沒有休息。

也就是說，就算你覺得自己已經很努力了，但事實上，社會上比你付出更多努力的人，多到數不清。倘若對這樣的現實狀況一無所知，只會一味地強調自己「很努力」，那麼說再多也只會讓人看笑話而已。

◉在商場上，結果就是一切

在企業環境中，基本上大家都只會根據結果來做評價，對於過程毫不在意。縱使有再棒的想法，如果只是想而沒有說出口，就等於什麼都沒想。即使再努力自我進修，倘若無法對公司有所貢獻或為自己增加收入，等於什麼都沒學到。

尤其在工作上，交出成果才能贏得大家對過程的讚許。只有對象是學生時，大家才會肯定他在過程中的努力。倘若是對一個在工作上交不出成果的人說：「你已經很認真了」、「你很努力了」，大多時候都只是安慰罷了。

舉例來說，如果你的下屬或晚輩對你說：「我也很認真啊！」或是「我都這麼努力了，為什麼只得到這樣評價？」你會做何感想？

想必你會覺得對方很煩，心想：「我知道你的感受，可是……」、「你說你很努力，是跟誰比呢？」、「具體來說，你做了什麼努力呢？」、「你覺得這樣就叫作努力了嗎？」，而感到啞口無言。

真正可以獲得讚賞的人，會讓他人來評價自己，以結果來一決勝負，這也代表著接受「這一切都是自己的責任」，無論是勝是敗。

因此，這樣的人不會滿腔怨言，而是專注於眼前的工作。如果最後交不出成果，也會坦然接受，將失敗當成經驗。在周遭的人看來，這樣的工作態度非常值得信賴，是個負責、不會找藉口的人。因此，不要再期望以過程中的努力來獲得評價了，應該專注於付出才對。

◉肯定過程，是為了磨練做事方法

雖然說最後的成果才是一切，並不表示「過程毫不重要」。要做到捨棄「我很努力」的想法、專注於交出最後的成果，首先必須要能「從結果去反推思考過程」。

也就是說，必須先瞭解「想得到○○的成果，就必須△△做」，或是「如果最後的結果不如預期，一定是過程中哪裡做錯了」等。

例如，面對「蒐集一百名潛在客戶名單」的工作，如果已經找了親朋好友幫忙，也做了電話和街頭行銷，最後只蒐集到十個人的名單，卻覺得自己已經盡力了，希望這份努力可以被看見。這樣的想法是不行的。

相反的，應該要針對「如何蒐集到一百名潛在客戶名單」來擬定方法並實際進行，驗證其可行性。如果無法達到目標，就必須找出原因，重新擬定辦法，並進一步實踐與驗證。

如此不斷重複地假設及驗證，向上司、同事和下屬尋求意見與建議，嘗試所有想得到的方法，不停地錯誤嘗試，甚至到大家都覺得「不必做到這樣……」、不禁想「勸退」

的地步。如果這麼做還無法達到目標，就坦承自己能力不足。
看到這樣的態度，大家也會肯定你的努力，認為「你都這麼努力嘗試過了，就別在意了」。

03

捨棄說「我很忙」

無法捨棄的人

無法留意到大環境的變化。

成功捨棄的人

提升觀看大局及處理工作的能力。

從今天開始，把「我很忙」這句話也捨棄，不要再用了。

那些會說「我很忙」的人，大多是虛榮的人，不過是想藉由強調「我很能幹」，來消除自己無法完全發揮能力的焦慮，或只是想藉此來隱藏自己的自卑或無能。

有人會以「對不起我太忙了，所以……」來做為沒有遵守時間約定的說詞，而這樣的人通常都會喪失信用，因為大家會看穿他不過是個自我中心的人，只重視自己的事，完全不在乎他人。

也就是說，「我很忙」這句話，只是揭露了自己沒有自信又愛面子的脆弱內在，更讓人看出你的自我中心想法，是非常羞恥的一句話。

要是試著一直刻意地說：「我很忙、我很忙。」會發現自己真的不可思議地變得很慌亂。就好像一到年底，明明事情沒有比平常多，卻總覺得心情變得焦躁許多。

一旦變得焦躁慌亂，就無法抱持宏觀的角度，也沒有多餘的心思去仔細思考了。

這之所以會成為問題，是因為如此一來便無法察覺到外界的變化。

無論是業界市場整體萎縮、社會不景氣等大環境的狀況，乃至於在小事情上的方向調整，例如，察覺客戶的狀況不太對勁，需要重新調整對方的信用額度，或是家裡出現不滿的聲音，需要多花時間關心等。對周遭環境的改變，以及自己該如何因應改變來調整自我方向，都會因為「我很忙」的心態而變得毫無自覺。

當然，人偶爾也會全心全意投入在某件事情當中，但如果忙到整個心思都放在上面，便無法察覺環境的變化或重要的人所發出的訊息。

因此，你要做的便是把「我很忙」這句話從你的詞彙中刪除。具體方法很簡單，不要再說「我很忙」，而是對自己說「我還忙得過來」，這樣就行了。

這麼說有兩個效果，一是可以不再為自己找藉口，將大腦從「我忙不過來」切換成「該怎麼做才能更順利地完成工作」。**當大腦這麼切換，就會進一步去思考可行的方法，例如「先把問題全部列出來，重新思考優先順序」**。這將使你對工作量的接受度變得更寬大，在處理工作的能力上也會有所提升。

◉讓思考更有餘裕

另一個效果是，可以讓大腦思考變得更游刃有餘。即使很忙，也要告訴自己：「我不忙。」藉此將心理狀態從「好多事要做」的混亂，一步步引導至冷靜。

如此一來，面對事情的優先順序，就能做出更有彈性的調整，同時也能考慮到未來的工作或人生方向，而不只有眼前的工作。從此，不再被工作追著跑，而是對工作產生了操控在我的自信。

我平常也是透過這種作法，一方面專注於當下的工作，同時提醒自己隨時仔細思考未來的長期計畫。

這麼做還有一個好處，就是會讓自己看起來變得更穩重，即使很忙，也總是一付「沒問題」般悠然自信的神情，這份餘裕將展現出企業家的大器。

比起總是把「啊！好忙，好忙！」掛在嘴邊、做起事來手忙腳亂的人，冷靜面對工作的人總會讓人感覺更「能幹」，而且不只在工作上可以信賴，也會讓人覺得更好溝通。這樣的人，當然就能得到上司和下屬的信任。

◉你知道日本首相有多忙嗎？

以二〇一四年八月份為例，日本首相必須出席共七十九個會議（資料出自「首相官邸網站」：首相、副首相及內閣長官共同出席的會議），除此之外，還有出訪行程、記者會，以及會晤海外重要人士等，可以說相當忙碌。

在下一頁所介紹的是現任首相安倍晉三某日的所有行程，相較之下，連我也覺得自己實在太悠閒了。這時候就會瞭解，面對工作時，就算覺得已經超過自己所能負荷的工作量，但還是有很大的發展空間。

■首相某日行程

8:02，離開東京富谷的私宅。

8:16，抵達首相官邸。

8:25，開始內閣會議。

8:41，內閣會議結束。

9:42，離開官邸。

10:19，抵達橫濱市西區的「橫濱洲際大飯店」。

11:11～19，會晤衣索匹亞總理德薩萊尼。

11:25～41，會晤塞內加爾總統薩勒。

11:54～12:14，會晤賴比瑞亞總統希爾利夫。

12:19～38，會晤索馬利亞總統馬哈茂德。

13:37～14:02，會晤南蘇丹總統基爾。

14:08～31，會晤迦納總統馬哈馬。

14:37～58，會晤莫三比克總統格布扎。

15:06，離開「橫濱洲際大飯店」。

15:07，抵達同區「橫濱國際和平會議中心」。

15:09～17，出席由日本和索馬利亞兩國與非洲聯盟委員會（AUC）共同舉辦的「索馬利亞特別會議」。

15:18，離開「橫濱國際和平會議中心」。

15:19，抵達「橫濱洲際大飯店」。

15:20，離開「橫濱洲際大飯店」。

15:23，抵達同區「橫濱皇家花園酒店」。

15:38～44，出席由「Alliance Forum Foundation」在橫濱皇家花園酒店芙蓉宴會廳所舉辦的「AFDP非洲領袖與企業領袖高峰會」。

15:46，離開「橫濱皇家花園酒店」。

15:50，抵達「橫濱洲際大飯店」。

16:01～26，會晤象牙海岸總統瓦塔拉。

16:28，離開「橫濱洲際大飯店」。

16:30，抵達「橫濱國際和平會議中心」。

16:31～35，出席「2013年非洲博覽會」開幕儀式。

16:38～50，與神奈川縣知事黑岩祐治視察非洲博覽會。

16:51，離開「橫濱國際和平會議中心」。

16:52，抵達「橫濱洲際大飯店」。

17:04～20，會晤布吉納法索總統龔保雷。

17:29～47，會晤阿爾及利亞國民評議會會長。

18:35，離開「橫濱洲際大飯店」。

18:37，抵達「橫濱皇家花園酒店」。

19:00～55，與橫濱市長共同於酒店內鳳翔宴會廳舉行歡迎酒會。

19:57，離開「橫濱皇家花園酒店」。

19:59，抵達「橫濱洲際大飯店」。

凌晨，入住「橫濱洲際大飯店」，沒有訪客。

04

捨棄說人長短

無法捨棄的人

想像力變得貧乏，人生沒有長進。

成功捨棄的人

成為擅長心理控制的人。

「整間公司都是笨蛋。」
「老闆根本什麼都不懂。」
「主管真的很無能，有夠糟糕。」
「為什麼是他……」

下班後的居酒屋裡，總是充滿了這些抱怨。偶爾發洩一下情緒或許無妨，不過我周遭的成功者從來沒有人是滿口抱怨的。

大家不妨從理性的角度，來思考為什麼愛抱怨的人無法成功。

① 不理性、不適合體制

會抱怨上司或同事的人，大多不會在當事人面前直說，而是私底下背著說。這不只是因為沒有勇氣面對當事人直接抱怨，更是因為自己無法理性表達對對方的不滿與建議，也無法說服對方。

這些都只是以自我為出發點的抱怨，無法說出合理的原因使對方接受，因此成了在背後說人長短的行為。

例如，因為上司指示不清楚而再三被要求重做，如果對此感到不滿，可以坦白告訴上司：「老是重做，一點效率也沒有，是不是可以在一開始就先具體針對最後的成果達成共識？」這麼說應該不難。

當然，某些人的確「怎麼說也沒用」，但大多時候，通常都是因為你受到自己的情緒影響，而無法理性地和對方溝通所致。更何況，如果真的有所不滿，本來就應該針對現況提出客觀且具建設性的改善。

也就是說，愛抱怨的人通常會被視為思考非常情緒化、非理性的人。這樣的人，當然不可能成為企業所需要的人材。

②自我中心

抱怨不過是「自己對於他人言行或現狀，所產生的一種感受」而已。

當對方或現狀順自己的意時，就會感到滿意。相反的，「不滿」就是人事物不符期待時，所產生的一種情緒。也就是說，因為對方的行為不符自己的期待，因而產生了

「他是笨蛋」或「生氣」等情緒反應。

之所以無法抑制不滿的情緒而抱怨對方，是因為覺得「自己是對的」。這類型的人，其思考邏輯通常是「我沒有錯，不需要改變。錯的是對方，所以要改變的應該是他」。

沒有考慮到對方的立場和價值觀與自己不同，只會將自己的期待強加在對方身上。自己完全不想改變，只期望對方改變。這不是自我中心是什麼？想當然，這樣的人一定得不到周遭人的支持。

③沒有果斷力

假使有人說：「我的老闆是個笨蛋。」不妨試著戳破他的思考盲點，告訴他：「那麼在笨蛋老闆底下做事的你，不就是個沒救的笨蛋？」

就連老鼠也知道要逃離即將沉沒的船，如果明知道是笨蛋老闆或無能公司，卻還繼續留在裡頭，他的判斷力也不過爾爾。我們經常會看到的一種情況是，那些會說「我辭職給你看！」的人，通常會一直留在公司，而不會辭職。

優秀的人一旦覺得「已經無法在這裡得到成長」，便會靜靜地辭掉工作離去，完全不會四處張揚。所以當大家發現時，都會感到非常震驚。

發現「不行了」的時候，是即刻做出動作，還是只會抱怨卻毫無動作，兩者之間所展現的果斷力有著天壤之別。

④對自己的言行後果缺乏遠見

不管哪個時代，離職原因的第一名都是「人際關係」。

其中最慘的離職例子，是因為埋怨公司、老闆或上司而漸漸被公司冷凍，最後不得不離開。

抱怨傳來傳去，最後一定會傳到當事人的耳裡。

舉例來說，C在私底下抱怨上司，聽到的人在其他場合也跟著說同樣的抱怨，久而久之，上司就會發現有人在背後說他的壞話。

這時候，如果上司發現A和B都說了同樣的抱怨，心裡就大概有譜，可以推測出「這應該就是與A、B都很要好的C所說的」。

上司也是人，對於說自己壞話的員工，自然不會想再給予提攜。就算在該名員工面前微笑以對，也是裝出來的，就連打招呼也只是做表面工夫罷了，最後就漸漸不會再跟該員工說話了。

員工也會感受到上司或老闆對待自己的態度有所轉變，於是也變得愈來愈尖銳，隨之而來的是，總覺得在公司愈待愈不舒服。

這時候，便會妄下結論：「這間公司實在太無趣了。」面對工作時不再投入，連帶地交不出成果，在公司的立場變得愈來愈糟，和公司愈來愈疏離，最後只好不得不考慮轉職……

這類型的人，不管到哪裡都會發生一樣的狀況，只會落得不斷換工作的命運。也就是說，滿口抱怨或說人長短，都是把自己逼往絕境的一種自殺行為。

這一切的根本問題，就在於對人事物不夠敏感，無法預料到自己的言行將招致何種後果。像這樣缺乏遠見的人，當然無法成大事。

⑤ **浪費時間**

成功者不會抱怨的最大原因是，他們最討厭把時間浪費在沒有產能的事物上。光是抱怨，改變不了任何事。

和消極的人一起做事，會浪費很多時間聽對方抱怨，所以能幹的人都會遠離愛抱怨的人。而愛抱怨的人，其周遭自然就只會剩下同樣滿口抱怨的人。

言語有放大情緒的作用，一旦說出口，大腦聽到之後會重新認知，使得造成不滿的情緒愈來愈強烈，最後就會成為愛抱怨的人。

只要這樣想一下就會知道，抱怨或不滿是只有笨到不行的人才會做的行為。

◉面對不滿的情緒時，該怎麼做？

一旦產生不滿的情緒，當然不可能一下子就能排解。任何人都會有「生氣」的時候，我也一樣，但重要的是能不能導正「生氣」所帶來的負面情緒。

這時候的方法之一，是找出淡化自己和對方或狀況之間利害關係的方法。

舉個極端一點的例子，某電視臺的韓國節目比例太高，引發觀眾的抗議。其實，觀眾如果對此感到不滿，只要不看就不會知道電視臺播了哪些節目，就不會在意了。

另一個方法是，思考「自己可以怎麼排解不滿的情緒」。不是期待對方改變，而是找出自己可以做到、可以改變的方法。

例如，對對方「沒有主動聯絡」的行為感到氣憤時，只要自己迅速與對方聯絡、詢問狀況就行了。

焦躁和不滿是因為無法使他人如自己所願，這時候，只要針對排解情緒，找出自己能做到的方法並實際去做，不滿的情緒就能獲得平息了。

05

捨棄藉口

無法捨棄的人

眾人離你遠去。

成功捨棄的人

贏得他人的信賴。

在商場上總是為自己找藉口的人，會喪失周遭人的信賴，而且不會受到重視。

在職場上，經常可以看到這種情況，當上司問下屬：「一直都沒有看到〇〇公司的估價單，發生什麼事了嗎？」下屬的回答是：「因為對方還沒回覆。」

不過，這種說法等於在說：「是對方在拖時間，不是我的錯。」上司聽了當然會生氣，要求下屬迅速與對方聯絡確認。

上司真正期待聽到的，是下屬對自己的疏失而道歉，並提出具體的應對方法。例如，「對不起，我應該更密切地與對方聯絡確認才對。我現在就立刻打電話給對方，請他們盡快回覆。等我確認清楚之後，今天下午馬上向您報告。」

如此一來，由於已經知道接下來要怎麼處理，上司就沒有理由再繼續生氣了。「這樣啊，那就拜託你盡快了。」

會找藉口的人，無論任何事都會先想到：「自己沒有錯，錯的都是別人。」這類型的人，已經習慣以自我保護為優先，遇到事情就只會想盡辦法「擺脫責任」、「避免自己成為大家責備的目標」。

也因為這樣，當企業家或政治家發生醜聞時，一旦在記者會上為自己找藉口，媒體便會針對他逃避責任的態度「大肆炒作」。

這類型的人，其想法從來就不是「能夠承擔責任的人才叫勇敢」或「正面迎接問題」等，而是以自我為中心，認為「道歉就等於認輸了，我不甘心」或「如果自己受到責難，一定要抓其他人一起下水才肯罷休」。

◉失敗的經營者能東山再起的原因

我朋友是很成功的房地產開發商，以前他只是上班族，後來公司受到雷曼兄弟事件的波及而倒閉了。

在倒閉前夕，公司資金周轉不靈，當然付不出款項，因此必須去向投資人和債權人一一說明。一般來說，大家都很討厭做這種事，因為一定會換來一頓痛罵，還會被追問：「什麼時候能付錢？」、「為什麼會變成這樣？」所以大家都選擇逃避，結果只會惹得債權人愈來愈憤怒。

可是，我朋友當時不但沒有逃避，反而每週都向大家說明最新狀況，對象不只是投資人和債權人，還包括積欠款項的所有人。而且，他會直接跟對方面對面說明，而不是透過電子郵件。

他持續這麼做，一直到公司倒閉、自己被解雇為止。後來，大家都認為他很誠實，因為只有他會確實說明狀況，因此對他的態度都給予肯定。

公司倒閉之後，他創立了房地產公司。過去那些曾被他拖欠款項的客戶，都紛紛提供土地情報或貸款給他。

儘管經濟狀況不景氣，他卻能有個好的開始，後來第三年就急速成長，創造出年營收三十億日圓的成績。

就算最後的結果會對自己造成不利，但只要不找藉口逃避，負責到底，一定可以獲得對方的信賴。

06

捨棄滿口理論

無法捨棄的人

被視為只會出一張嘴的「麻煩人物」。

成功捨棄的人

成為改變組織的關鍵人物。

會高談理論的人，通常都極富正義感，一般來說都很認真、很優秀。

因此，假使公司組織有不合理或矛盾之處，這類型的人就無法視而不見。然而，所謂企業，從某方面來說，本來就存在著矛盾與非效率。

之所以默視而不處理，是因為公司認為這些都是必要之惡，或是比起花費精力去解決，不如維持現狀比較輕鬆。也可能是因為這些問題造成的實際危害並不大，或是當初公司創立時所立下的規定，已經行之有年，無法說改就改。

當然，如果是涉及不法或不當的行為，就一定要正視，對於明顯會對客戶或公司造成危害的問題，也必須當下立刻修正。不過，大部分組織中，多多少少都存在著讓人無法接受、不合理、沒有效率的作法或文化。

「我們公司落伍了。」

「這種事情竟然也能存在，這個體系實在太奇怪了。」

會說這些話的人，對公司而言是很討厭的，最後容易被視為「麻煩人物」。因為大家都知道公司存在這些問題，就算特地拿出來討論也不會有任何改變。

◉抓緊機會者的作法

相反的，抓緊機會的人會默默接受組織裡的不合理或矛盾。這些人明白，跟公司對抗只是白費力氣，所以他們思考的是在這樣不合理的組織中該如何因應。

在思考「問題解決」時，他們會說得比較客觀且周全。

例如，「那種作法會有大家說的這些問題產生，要不要試試看○○的方法呢？」

如果自己的說法不被接受，這類型的人會改變作法，例如，將上司可以接受的所有原因、方法和成果，都整理成提案報告，或是自己先嘗試進行，最後再交出實際成果，以證明自己的主張是正確的，來說服公司。

以下是我朋友的房地產公司的例子。

他的公司裡，有某個銷售團隊的業績一直不佳，於是公司便下指示，假使無法達到目標，將取消下一次的獎金。這項決定讓所有團隊成員產生了危機感，於是大家都報名參加了昂貴的進修課程，學習如何招攬客戶。

該課程首先要學員自己舉辦免費講習，將講習的過程錄下來，做成影像。接著，將這段影像免費送給在網站或傳單上登錄電子信箱的人，藉此宣傳活動。在寄送影像時，也要隨信附上免費講習和諮詢會的訊息。

由於業績沒有達到預定目標，所以參加課程和舉辦講習的費用都無法向公司申請，就由所有成員自掏腰包一起分攤。

半年後，該團隊的業績急速上升，成為全營業部的冠軍，不僅獎金沒有被取消，甚至還加薪了。

公司當然對這個團隊的具大變化感到不可思議，詢問之下，才知道背後的這些過程和努力。

後來，公司對於團隊的努力和成果給予很高的評價，因此，團隊之前所共同分擔的費用，全部由公司支付。

光是口中喊著「改變」，每個人都會。不過，如果空有口號，沒有行動，充其量是不負責任的發言罷了。「光說不練」的人，就算脫口而出：「既然這樣，我就來做吧！」最後也會因為害怕承擔責任而變得消極逃避。而這一切都會看在上司的眼裡，當然就不可能對這樣的人給予任何協助或提拔。

與其光說不練，不如主動做出成果。如果覺得有改變的必要，就先嘗試去做，最後的成果將會成為最有力的說服工具。

如此一來，就算是上述那般說要取消獎金的公司，也會被說服而有所改變。用自己的想法去改變體制，大有可能。

首先要做的並不是迫使公司改變，而是先改變自己。在高談理論之前，必須先親自實踐理論並交出成果。

第二部

人際關係

07

捨棄功勞

無法捨棄的人

招致惡評。

成功捨棄的人

成為大家都想共事的人。

我經常跟大家說一個笑話。

山田：「這次可以拿到這個大案子，大家一定會嚇一跳吧？前輩。」

水野：「是啊，我們趕快回去跟公司報告吧。」

於是，兩人開心地回到公司。

「山田！恭喜你了！」

「恭喜你！山田！」

在還沒向上司報告之前，山田已經受到大家的熱烈迎接了，就連部長也親自來向他握手道賀。山田握著部長的手，不好意思地說：「沒有啦，我其實什麼都沒做，全都是水野前輩的功勞，我只是在一旁看而已。」

大家一聽，全都愣住了。部長一臉尷尬地把伸出去的手轉向水野：「這樣啊……水野，恭喜你了，聽說山田的老婆懷孕了。」

這只是個笑話，但這個笑話中值得學習的是山田將功勞禮讓給前輩的作法。

任何人都會想誇耀自己的成績或成果，無論是拿到合約、提高業績、降低成本等。

如果自己在這些成果上有所貢獻，就會想主張「這都是我的功勞」。

然而，在強調自己的功勞同時，便可能引來周遭人不一樣的想法，例如，「這不只是你的努力吧！」、「這是想搶別人的功勞嗎？」、「其他幫助你的人就不值得感謝嗎？」、「討人厭的傢伙」等。

「做得好！這次會成功都是你的功勞。」像這樣受到誇獎時，應當更謙虛地推掉自己的功勞，感謝大家的協助，例如，「哪裡，事情會這麼順利都是靠大家的幫忙，真的很感謝。」

業務工作必須要靠公司內部的支援才有辦法專心進行，因為有上司和下屬的協助，自己才有辦法發揮所長。也正因為有公司這個組織的存在，自己才有辦法工作。這些再理所當然不過的事，都必須隨時放在心上，時時對周遭抱持感謝的心情。

對於這樣的工作態度，大家都會看在眼裡，上司會覺得你是個「做人周到、謙虛的人」，下屬也會因為你的認同而獲得自我肯定。如此一來，你將能得到大家的信賴，成為每個人都想共事的人。

08

捨棄「朋友」

無法捨棄的人

沒有突破性的成果。

成功捨棄的人

遇見能刺激自己成長的人。

在許多成功的企業家中，有不少人都自豪「自己沒有朋友」。

我有個朋友年收入上億日圓，他曾說過：「我只有少數幾個朋友。」另外，就連擁有上億資產的網路創業家也說：「我的朋友用一隻手就能數得完。」日本知名拉麵連鎖店的創業者，也曾在演講中嚴正表示：「我完全沒有朋友。」

這種作法的背後，包含了一般人無法理解的思考邏輯和感受。不過，在他們對於成功的強烈渴望中，都認為自己不需要單純的友誼關係。

◉往事或「互相慰藉」，對成功沒有任何助益

我身邊很多經營者都表示，自己和學生時代的同學「就算聊天也聊不起來」，於是便和大家漸漸疏遠。

和老朋友聊天時，最典型的話題就是往事。不過，經營者對往事一點興趣也沒有，他們只放眼現在和未來。就算聊過去的事時感到懷念，對現在或未來也不會有任何直接的幫助。當然，緊緊抓住過去的榮耀，也同樣毫無益處。

偶爾和老朋友聯絡沒有什麼不對，不過一旦太常在一起，老是聊著過去的往事，就只是浪費時間而已。

有人會覺得，有願意聆聽自己抱怨的朋友很重要，然而，這只說明了你是一個無法自我控制情緒、排解不滿或解決問題的人。

這樣的人不擅長面對逆境或壓力，也無法保持自我肯定的態度，因此才需要他人聆聽自己的抱怨以尋求共鳴，藉此獲得他人的支持，來證明自己沒有錯，並從中得到慰藉與安心感。

不過，成功者通常都不需要他人來聆聽自己的抱怨，因為一旦事情不如預期，與其抱怨，他們會優先思考如何改進以達到目標，並實際進行。

◉孤獨、孤立會成為達到目標的原動力

有句話說：「經營者是孤獨的。」之所以會有這種說法，是因為經營者在面對問題時，大多是獨自思考，獨自做決定。這份堅強，成了他努力達成自我目標的原動力，使

他將所有事情都視為自己的責任，不受外界的影響。

成功企業的老闆都會確保擁有獨自思考的時間，一些發展急速的新興企業之所以容易產生弊病，應該就是因為老闆太過忙碌，以至於無法擁有深思熟慮的時間所導致。

相反的，無法單獨做事，或一定要和他人在一起才不會感到寂寞的人，由於很會配合他人，因此總是會避免與他人不同，最後就無法有任何突破性的成果。

◉與成功無關的人，不花時間打交道

以我和大學生的交流經驗來說，所感受到的同樣是如此。總是孤單一人的人，其思考會比較穩健，而擁有很多朋友、個性隨和的人，想法就比較膚淺。

當然，溝通討論也很重要，透過意見交流能激發出新的點子，自己的想法也能因此獲得重整。不過，想要得到這種效果，討論的對象應該是比自己優秀的人才對，而不是「平凡」的朋友。

舉例來說，如果「想賺錢」，就必須花費許多時間在與「賺錢」相關的事物上；倘若「想成功」，就必須思考「怎麼做才會成功」。**這種時候，只有自己一個人才有辦法好好思考，自我省思，進而擬定下一步的行動和策略。**

事實上，有明確目標而努力專注其中的人，根本沒有時間和其他人打交道，例如，為了升學考試而拚命讀書的考生；剛創業不久、正努力拚業績的創業家；投入漫畫或小說創作的作家；在公司為企畫書努力衝刺的上班族等。每個人都是單獨地努力打拚著，不太有他人可以插手介入的餘地。畢竟人生苦短，只能將時間花費在自己身上才值得。

09

捨棄與他人比較的心態

無法捨棄的人

消耗太多無謂的精力。

成功捨棄的人

專注於讓自己變得更幸福。

隔壁鄰居都換高級進口車了，自己卻還開著國產小轎車；孩子的同學到夏威夷跨年旅行，自己卻是待在家裡看紅白大賽；同事老早就晉升為課長了，自己卻還停留在主任的位置……

像這樣和他人比較，會使得有些人的心情變得浮躁，甚至有人會因此感到莫名的失敗與挫折。

如果可以藉著和他人比較來產生鬥志，當然不成問題，例如，「我也買得起高級轎車啊！我現在就開始努力拚下一次的業績獎金！」等，愈是比較，愈能激勵自己。

不過，如果看到別人的成就，會讓自己的情緒感到不安，甚至「生氣」、「覺得自己很可悲」，這類型的人最好還是捨棄比較的心態。

因為焦急、煩躁、失落、不開心、嫉妒、消極等，這類的情緒會消耗掉太多無謂的精力。

如此一來，就無法產生正面的鬥志，而變得愈來愈看不起自己，連帶地，非但不會採取積極的行動，反而成了邁向成功的絆腳石。

◉成為懂得尊重自我判斷的人

要捨棄「在意他人」的心態，方法之一是尊重自我的價值觀，以及以此為根據所做的判斷。不要用別人的標準來看待自己的價值，而是以自我標準來衡量。

例如，就算隔壁鄰居換了新的高級轎車，但仔細想想，車子對自己來說只是移動工具，只有週末才會開車。既然如此，與其買大車，不如選擇燃料費和稅金相對便宜的小轎車比較適合。

又例如，跟自己同輩的人都住在豪宅，但住家對自己而言不過是個道具，如果投入太多錢在上面，一定會讓生活中的其他部分受到限制。那麼，何不選擇夠用就好的房子，把多出來的錢用來做更快樂的事。

如此以合理的依據來決定自己的判斷和行為，就能淡化因為比較而帶來的羨慕或卑微的感受。

這並非安慰自己，也不是蒙蔽自己的感受，完全是因為「這是自己的價值觀，依此所做的決定將能為自己帶來幸福」的合理依據。

因此，必須要先找到一個「重心」，也就是自我幸福的基準。究竟什麼會讓自己感到幸福？希望自己達到何種狀態？這個重心愈強烈，便能將他人的狀態視為「價值觀與自己不同的人」，而不會放在心上了。

舉例來說，倘若自己的重心是出人頭地，或者希望能永遠年輕，對這些沒有助益的事，自然變得毫不重要，就不會在意了。

◉將「自由」視為幸福，就不會在意他人的言行

「自由」是我一直以來希望達到的成功條件，包含了經濟上、時間上、心靈上、人際關係上，以及環境上的自由。

有了這樣的心態之後，就算自己在外貌和身高上不如他人優秀，但我很清楚這些都和自由沒有任何關係。

又例如，假設有了高級轎車，便要擔心開車安全或停車問題，反而麻煩。戴昂貴手錶或穿名牌服裝，學歷高低或聰不聰明，也和自由一點關係都沒有。太大的房子不但打

掃起來太麻煩，想賣掉時也不容易脫手，完全沒有意義。像這樣自己對於幸福的重心愈是明確，情緒就愈不容易受他人影響。

不過，我會在意年收入和積蓄，因為這些都關係到能否獲得自由。看到與自己目標相符的人，也就是比我更自由的人，我也會感到羨慕。

但這並不是負面的感受，反而會促使我去探究對方獲得自由的方法，對我來說是一種正面的影響。

10 捨棄尊嚴

無法捨棄的人

完全喪失成長的機會。

成功捨棄的人

知識與人脈變得更廣，且能快速自我成長。

尊嚴又分為對自己的「自尊」，以及對他人的「虛榮」兩種。

所謂自尊，指的是對自己的信賴感，相信自己能力的一種感覺，例如，「這點小事打不倒我」、「我還可以再繼續」等。是自己所依存的根據、行為的方針。

另一方面，有些人會覺得「被晚輩使喚很丟臉」，或是「自己先低頭道歉有損尊嚴」等。這種一點用處也沒有、只會毀掉人生的討厭感受，就是「虛榮」。

這類型的人一旦受人輕蔑、瞧不起或傲慢以對，就會覺得「自尊受損」、「有損尊嚴」而大動肝火。這是因為他們的尊嚴只局限在虛榮上，也就是把和他人的關係視為最優先。

像是對年紀比自己小的人就立刻改變說話態度、在餐廳對服務生態度傲慢，或是當自己的意見受到反對時就激烈抗議等，都屬於這類的虛榮。

「小氣」、「吝嗇」，指的正是這類只看見虛榮、讓他人言行來左右自己感覺的人。

可以捨棄虛榮的人，即使面對比自己年輕的人，也能做到低頭請教。因為比起無謂的尊嚴，這些人更在乎滿足自己的求知慾與擴展人脈，甚至是自我成長。

他們知道，必須先讓對方高興才能達到自己的目的，而「謙虛」正是毫不費力就能做到的自我推銷方法。這樣的態度，乍看之下是個「謙虛的人」，實際上是寧可不要名聲也要利益、徹徹底底的現實主義者。

相反的，無法捨棄虛榮的人，非常討厭「被輕視」，卻不知道謙虛是一種對自己有利的「行銷」，於是就錯失了自我成長的機會。

◉無法捨棄虛榮的悲劇下場

無法捨棄虛榮的人，最極端的下場就是在日本幾乎不太可能發生的「餓死」。這樣的人基於「覺得丟臉」、「不想讓別人覺得自己很落魄」等虛榮心的作祟，以至於無法向他人請求幫助或申請生活補助等國民應有的權利，最後變得自身難保。

被債務逼到窮困潦倒、最後走向自殺一途的人，也是同樣的心態。這些人因為莫名的原因，拒絕使用個人破產等國民救濟政策，最後自絕後路。

聲請個人破產所帶來的後果，不過是七年內不得有任何借貸、無法申請銀行信用卡、無法在特定公家機關工作而已，其餘的日常生活幾乎沒有任何改變。雖然破產的消息會刊登在政府公報上，但一般人幾乎不會看公報，根本不會有人發現。

即便如此最後還是放棄這種方法的人，應該是自尊心作祟，覺得「聲請破產太丟臉了」、「要是被知道了該怎麼辦」，才會寧可選擇自殺吧。

◉拋棄虛榮心的三大作戰方法

總結來說，只要對自己有信心，即使是他人的無心之言，也能輕鬆看待。但如果自信心不夠，的確很難放下自尊。這時，有以下三個方法可以利用。

①「寧可不要名聲也要利益」作戰法

②「深藏不露」作戰法

③「如果被平凡人看透自己就完蛋了」作戰法

第一種方法就如同字面，只要思考「怎麼做才能對自己有利」就好了。抑制會妨礙有利行動的情緒，以理性的態度優先考慮自我利益。

第二、三種方法則適合用在自尊受損、覺得心有不甘的情況下。

第二種方法，是藉由放下自己來讓對方失去注意力，也就是先暫時忍耐，隱藏自己的實力不被看見，之後再逆轉形勢就可以了。這種方法還能激發自己的好勝心。

第三種方法，就是所謂「從上而下」的思考模式，只要告訴自己「像你這樣的平凡人，對我的成功一點幫助也沒有，我根本不放在心上」，或是「你這傢伙是不會瞭解我的價值的，如果被你看透就完蛋了」。

我在網路上有寫專欄，文章經常惹來許多惡言謾罵，也就是引起大家的「撻伐」。可是我一點都沒有放在心上，因為我就是以第三種方法來看待這些謾罵。

瞭解「和笨蛋爭論，只會讓自己也變成笨蛋」的道理後，反而會覺得反駁對方才真的要為自己感到羞愧。所以，我可以做到完全漠視，不會耗費無謂的時間跟精力去反駁對方，引發更激烈的爭論。

如果是當面受到批評，也只要反問對方：「既然你這麼說，那麼請問你賺了多少錢呢？」而不會因此就認輸或意志消沉。

這種方法看似傲慢，但都是為了「採取對自己最有利的行為」。下一次，當你覺得「自尊心受損」時，不妨試試這種方法吧。

11 捨棄當「好人」

無法捨棄的人

只能永遠跟著他人的腳步。

成功捨棄的人

發現一般人無法察覺的價值。

想必很多人都想成為一個受大家歡迎、與人相處和諧的「好人」吧。但事實上，當個「好人」，反而會離成功愈來愈遠。

「好人」之所以無法成功，是因為害怕和他人發生磨擦，所以完全不會提出任何不合常理的想法，也不會主張自己的信念。這樣的人一旦受到周遭的反對，就會立刻被擊倒了。

愈是具有嶄新、創新精神的意見、主張或提案，愈容易引起大家的反彈。如果不顧眾人反對地堅持自我意念，就會招來「自大」的風評。

例如，連鎖平價服飾店的創辦人柳井正，或是蘋果電腦創始人賈伯斯等知名經營者，這些人平常在公司裡總是大聲來大聲去的，老是提出一些任性的想法，把每個人弄得暈頭轉向。以客觀的角度來說，實在稱不上是「好人」。但正因為如此，他們才能掌握成功的先機。

一些和我有交情的經營者，大家都異口同聲地說：「我不和好人一起做事，因為他們既不做決策，也不願意擔起責任。」

一旦自己做了決定，就必須承擔責任，有時還得面對利害關係受損的人的反彈。而好人沒有這種決心，所以會逃避做決定和背負責任。

大家試著回想一下，就會發現那些和任何人都不會發生磨擦的「好人」，在許多場合應該都是個旁觀者的角色，只會追隨他人的意見而已。

◉「好人」很隨和

每個人都會以自己的判斷標準來看待事物，因此根本不會有符合客觀標準的「好人」或「不好相處的人」。

就像被討厭的上司責罵時會感到格外生氣，但如果對方是自己尊敬的主管，就會覺得受到責備是「自我磨練的機會」。也就是說，判斷標準會因為對方而改變。

然而，這裡所謂的標準，其實都是「視自己的情況而定」。符合自己期待的就是好人，看不順眼的就是不好相處的人。

也就是說，想當「好人」的人，都只是「想配合他人的期待」，簡單來說，就是沒有自我主張的人。

將他人的主張放在最優先而沒有自我主張，其實是很累的。凡事以他人的生活方式為優先，喪失了自我，最後只會落得總是跟隨他人腳步的人生。

◉「評價正反兩極的人」才有辦法改變時代

與其當個「好人」，我更想成為一個「怪人」。

所謂「怪人」，指的是對時代環境或現象有獨特看法，看待事物的角度與一般人不同。這樣的人通常都是「評價正反兩極的人」。

大受歡迎的藝人，同時也可能是許多人討厭的對象，就算是購物網站上的暢銷商品，同樣也有正反兩極的各種消費者意見。

會動搖人心的意見或主張，勢必也會引來反對。換言之，會引起「正反兩極」意見的人，都具備有動搖人心的力量。

就算遭受反彈的聲音，也不過表示自己的意見「刺中了」某些人，所以沒必要因此感到害怕，反而應該高興才對。相反的，如果只會迎合大家的意見，反而可能會讓大家

對你一點印象也沒有。也就是說，當「好人」反而會為自己帶來壞處。

◉當個「變差值」的人

想法受限於偏差值的人，只會用學校的標準來思考自我人生。如果想堅強地面對現實社會，就必須提升自己的「變差值」才行。

提升「變差值」的訓練方法之一，是從違反大眾價值觀的角度去思考事情，另一個方法則是對理所當然的事抱持懷疑的態度。

這是一種思考力的鍛鍊，把大家都說「對」的事當成「不對」，針對大家都覺得「錯」的事物，去思考它「對」的可能性。像這樣先下結論，再去尋找可以支持結論的理由。因為只是想一想而已，就算被當成喜歡故意作對的人也無妨，不會對現實狀況造成任何不好的影響。

舉例來說，「六曜」曆法[1]在發源地中國早被視為沒有意義而廢除了，但日本卻還老老實實地遵循沿用至今，理由為何？既然一點意義也沒有，就算在佛滅日[2]結婚也沒關係吧。

又例如，就算讀了大學，事實上還是有可能會找不到工作，既然如此，乾脆不要讀大學，高中畢業後就出來創業也可以吧。

像這樣試著從反對的角度，去思考大家視為理所當然的事，藉由思考的過程，將會產生一般人所看不到的論點、角度、價值，甚至是創新的靈感。

◉準備說詞來迎擊無禮之人，使他啞口無言

「好人」的另一個缺點是不會吵架。這裡所指的吵架不是暴力，而是提出反論或訴訟等「成熟大人的吵架」。

好人即使遭受無理的言論攻擊也不會反駁，只會暗自吞下鬱悶的心情。之後，每當想起這段不愉快的回憶，就會感到憤怒與後悔，這樣一直背負著沉重的壓力。

這個世界上，不管走到哪裡，都有表面看似有禮、其實心懷輕蔑的人，而這樣的人總是會惹惱你的情緒。但是，你實在沒必要為了和這種人維持關係而犧牲自我，因為這

些人幾乎不可能對你的成功帶來任何助益。

既然如此，就不用害怕和對方保持距離，也不必顧慮他會怎麼看待你。遠離這種無禮的人，生活才能過得更暢快。

因此，面對無禮的言論，不妨事先準備好迎擊對方的說詞，因為突然要反駁對方實在有點困難，所以要先模擬狀態，做好準備。

當上司說：「你在做什麼！真是沒用的傢伙。」

如果你是個心思細膩的人，長期面對這樣粗暴的言論，最後可能會得憂鬱症。為了這種愚昧的上司而搞壞自己的身心，一點都不值得，所以，你可以事先準備好以下的反駁說詞。

1「六曜」曆法：日本慣用曆法，最早由中國傳入，分別以「先勝、友引、先負、佛滅、大安、赤口」來標示每日的吉凶。——譯者注

2佛滅日：六曜中的大凶之日。——譯者注

你：「事情做不好，的確是我的責任，不過您這樣的說法也有失禮貌，可以請您不要再這麼說了嗎？」

上司：「是你做不好，我才會罵你吧！」

你：「工作結果跟說話態度是兩回事，我做不好，並不代表你可以對我說話沒禮貌。」

上司：「你的事情要是做得好，我大可以不用這樣罵你！」

你：「在公司，我們是主管和下屬的關係。不過身為一個社會人，我們的地位是平等的。我只是請您修正說話態度而已。」

以上的方式，想必很多人會覺得「不可能真的這麼做」吧。

然而，會讓你感到不愉快的人，一定也會讓別人感到不悅，因此不妨把擊退沒禮貌的人，當成是對社會的一種貢獻吧。

12 捨棄建立人脈關係

無法捨棄的人

到頭來無法建立任何人脈關係。

成功捨棄的人

自然而然就獲得必要的人脈。

人脈當然很重要，這點毋庸置疑，無論是工作或機會，大多是「人」所帶來的。甚至在有困難的時候，如果有人提供援助，同樣會讓人心存感激。或許正因為人脈如此重要，坊間有許多關於建立人脈的書籍，各種異業交流會也是每天都在上演。

不過我認為，其實沒必要為了建立人脈而特地去花費時間和金錢。

我在創業初期，也曾經因為對方是名人或大公司老闆，而勉強自己和他建立關係。可是到最後，和這些人不是話不投機，就是雙方都無法在對方身上看到對自己有助益之處，於是就愈來愈疏遠了。

之後，我拚命建立自己的房地產事業，終於提升獲利，公司也上了軌道。就在這個時候，許多房地產相關企業都紛紛主動表示，想和我一起合作。每當我拋出海外投資的訊息時，朋友或客戶也都會介紹我認識各方面的專家。就連我開始寫書以後，和出版界的往來也變多了。

這樣的經驗讓我確信一件事，只要全心投入眼前的事物，對自己有幫助的人或訊息自然會隨之而來。

相反的，如果做事總是半途而廢，有始無終，就不會有任何介紹或邀約找上門，因

為你在那個領域上並沒有做出任何讓大家印象深刻的成績來。

我認識某個年收入上億圓的創業家說：「建立人脈一點意義也沒有。」他的出身並非優渥，但他努力做出成績，漸漸地在業界打響名號，許多人因此看好他，主動提供協助，連帶地，也有愈來愈多人覬覦他的專業或客戶名單而主動靠攏。

當然，有人會說，這些根本稱不上是「人脈」。不過，話說回來，應該不會有人願意主動把機會或朋友介紹給他人吧。

正因為對方在你身上看到對自己有助益之處，所以才會花時間和工夫幫助你，提供機會給你。

也就是說，倘若無法建立人脈關係，並不是因為你沒有去做，而是因為你在專業領域上，還沒有做出讓大家足以「想認識你」的實質成績。所以，就算和你當朋友，也得不到任何具體的幫助。

◉先思考自己能給對方帶來什麼幫助

想擁有人脈，首先得做出成績來。在這之前，遇到困難時，不要輕易向他人尋求協助，反而應該趁機會加強自己解決問題的能力，更專注在工作上。

無論困苦或賺錢時，都要持續跟外界保持工作往來，對於承接下來的工作，一定要努力達成。如果是上班族，就要隨時協助他人的工作，並將功勞讓給上司或下屬。

與人往來就等於花時間投資在對方身上，因此應該不會有人閒到願意和無法得到回報的人來往。相反的，如果對方是一流人材，大家都會爭先想認識。

不認真對待工作，就無法獲得業界的核心情報，也沒有足以讓人學習的專業知識。和這樣的人往來，對任何人而言都只是浪費時間。

如果只是「人品好」，這種人到處都是，大家沒有理由特地花時間在你身上。

換言之，不認真努力對待工作或交不出成果的人，就算參加再多的異業交流會、認識再多人，也無法建立起人脈。

◉停止建立人脈，專注在工作成果上

要建立人脈，就得先暫時捨棄「建立人脈」的心態，努力於眼前的工作，並做出實際成果來。

如果是上班族，重要的是與公司內部的人脈關係，而不是公司之外的人。

例如，業務部與商品開發部，或是設計部與製造部等，一旦公司內部人員與市場第一線人員關係不好，工作起來就會不順利。相反的，如果雙方有良好的信賴關係，就算是不太合理的要求，對方雖然無奈也會願意幫忙，「算了，因為是你，我才願意幫忙喔，下不為例！」事情會進行得更順利。

倘若直屬長官不願意提供協助，自己手上的企畫或任何公事上的要求，就會受到重重阻礙，以至於最後也無法交出成果。然而，一旦和上司之間有了信賴關係，上司就會願意交付工作，做起事來也會更好發揮。

因此，首先要做的是建立與公司內部之間的信賴關係，如此一來，做起事來會更輕鬆，更容易達到目標。只要持續在工作上交出漂亮成績，就算不刻意彰顯自己，名聲也

會慢慢在公司外部傳開來。這時候，同業就會知道「那間公司的○○○聽說很能幹」，這樣的消息也會傳到其他業界，最後連媒體也會聞風而來。於是，許多人會相繼主動接近你，人脈也會跟著不斷擴展。

簡單來說，建立人脈最有效的作法，便是努力專注於眼前真正重要的工作。

13 捨棄「施與得」的心態

無法捨棄的人

背負無謂的失望或憤怒。

成功捨棄的人

減輕人際關係所帶來的壓力。

讓人感到生氣或不愉快的一大主因，是因為「期待沒有得到回報」。

愈是認為「我為他做了這麼多」，一旦沒有獲得任何回報，失落感就會愈重。

◉焦躁是因為希望對方照自己的想法去做

「我跟他打招呼，他應該也要跟我打招呼才對。」因為有這樣的期待，所以當事情的發展不如預期時，就會感到生氣。又例如，幫了對方許多忙，期待對方總有一天會回報，一旦對方沒有這麼做，便會覺得「虧我這麼照顧他，真是沒禮貌的傢伙」而氣憤不已。

不過，對方終究不是自己，當然不一定會照你所想的去做。事實上，不如預期的情況還比較常發生。

父母對待孩子也是一樣。

父母期待養出理想的孩子，所以買了很多東西給孩子，提供孩子教育機會，帶孩子四處去玩。為了要教出符合自己價值觀的孩子，凡事都先主動提供建議，不讓孩子有思考的空間。正因為如此，當孩子產生行為偏差、反抗父母，做出與父母期待完全相反的事情時，父母就會感到焦躁。

但事實上，孩子也是一個單獨的個體，有他自己的人格、適性、想法與生活方式，和父母所期待的理想不同，也是理所當然的。

◉一切「只為自己」而做，事情會變得更順利

因此，在為他人做任何事時，不要心存期待，只要為自己而做就可以了。拋開「施恩」的心態，單純因為自己喜歡、開心，可以因此占到便宜，才去做。

打招呼不是為了對方，而是為了讓自己更有活力。培育下屬不是為了使他成長，而是為了讓自己日後做起事來更輕鬆。當志工不是為了需要協助的人，而是為了滿足自己想奉獻的心情。盡力為孩子付出，不是為了養兒防老，而是單純因為這麼做會讓自己開心。

如果沒辦法從行為中找到「為自己而做」的理由，就不要做。不做社會公益，不為孩子盡心盡力，不借錢給任何人。

這麼做感覺像是脾氣不好的壞人，不過，只要捨棄希望獲得回報的心態，自己所做的每一件事都會變得非常充實，當不再在意對方的反應時，情緒也能變得更平靜。

舉例來說，二〇一四年「故鄉捐」[1]政策引起了一股熱潮，原因正是這麼做不只是為了故鄉或地方，也是為了自己。故鄉捐可以換來米或蔬菜等地方特產，捐款超過兩千日圓還能退稅（退稅上限因人而異）。姑且不論這些好處，光是錢能用在地方上，就讓人覺得心存感激。

即使是做公益，與其當成一種道德心的展現，不如將它視為建立自我形象的方法。只要把參與公益活動的過程拍下來，放到社群網站或部落格上，就能讓人覺得你是一個「積極從事社會公益的人」。

從這樣的角度去思考，做公益對自己也有好處，因此助人也會變得更快樂。雖然這一切都只是為了自己而做，最後卻能獲得旁人的感激，就算沒有任何回報也無所謂了。

1 故鄉捐：日本政府為了解決地方財政問題，在二〇〇八年推出的一項稅制。只要捐出兩千日圓以上給任何一個地方政府，就能獲得退稅，還能拿到各地方所回饋的農產品。二〇一四年，政府再將退稅金額提高至兩倍，因此引起民眾紛紛捐款的熱潮。——譯者注

第三部

物品與金錢

14 捨棄勵志書

無法捨棄的人

受人利用。

成功捨棄的人

找到真正對自己有幫助的實用書。

有關自我投資的各類書籍中，所謂的「勵志書」有以下幾個好處：

「打破自己的刻板印象或既定觀念。」

「獲得新的想法或看待事情的角度。」

「變得更有活力，更有衝勁。」

我在創業之前，也看了許多勵志書。那一陣子，勵志書對我來說就像是鬥志的來源，我饑渴地不斷讀了又讀。

後來，我獨自創業開了公司，做著自己喜歡的工作，除了寫作或演講的事前準備時，會稍微翻一下勵志書之外，可以說已經完全不看了。

在人生中，「想做些什麼，卻不知道該怎麼做」的階段，的確需要勵志書來激勵自己。如果可以藉由這些書獲得激發，讓自己付諸行動，當然可以盡量閱讀。

◉有行動才會有「自我轉變」

然而，勵志書大多只會激勵大家付諸行動，關於之後的「實際作法」卻絲毫不提。

例如，若想從事網路事業，應該去看相關主題的實用書；如果真心想提升溝通能力，最好選擇這方面的專業書籍。但勵志書卻很少講得這麼深入。

換句話說，確切清楚自己想做什麼、該做什麼的人，就沒有理由再看勵志書了。以「改變自己」為主題的勵志書非常多，但真正產生自我轉變的時機，通常都是在丟掉手上的勵志書、「實際採取行動」的時候。

如果逛書店時，看到勵志書會想買來看，就表示對於自己應該發揮的價值和方向還不清楚，**因此，這時候要做的，應該是選擇能夠具體提升技術或能力的「實用書」，藉此找出自己應該專注的事物**。

本書雖然也是一本勵志書，卻沒辦法滿足所有不同需求的讀者。

各位必須知道，光是看完本書並沒有任何意義，只有真正做到「捨棄」，你在本書所投下的金錢與時間，才有辦法獲得回收。

◉勵志書充斥著許多「好聽話」

還有一點要注意的是，勵志書中也有很多「瑕疵品」。

我經常有機會在各個活動中遇見其他作家，其中有個寫作關於「成功哲學」的人，一直讓我覺得他很「清高」。

之後，我讀了那個人的書，發現裡頭幾乎全是抽象或教訓式的內容，完全沒提到任何作者的具體經驗。

如果是作者本身的體驗，照理說會描寫得很詳細，讀起來更加「生動寫實」，可以感受到文字的力量。如果不是如此，就可能只是一本截取其他成功哲學書籍的精華拼湊而成的書罷了。

為了不受騙於這種表面性的內容，就必須調查作者的來歷背景，確認他是否真的在該領域中有實際的成就。

此外，書也是追求營利的一種「商品」，因此為了廣泛地讓各讀者群都能夠接受，且避免遭來批評或謾罵，內容大多是些「好聽話」。這樣的書並不少，看的時候必須對內容的正確性有所保留，不能全然聽信。

事實上，就算是被稱為成功經營者的人，其中也有和客戶之間有金錢糾紛或是官司纏身，甚至很多人都是傲慢無理、自以為是，還有一些老闆表面上看似溫和，做起事來可是既無情又強勢。

做生意不能光靠好聽話，在與對方交涉時，頭腦必須清楚冷靜，看穿對方的弱點，有時甚至必須刻意找碴。不管是對自己有利或是為了避免利益受損，有時候也需要將對方逼到絕境，甚至扳倒對方。

不僅對待客戶是如此，對待自家員工也很嚴厲，不怕解雇員工，於是這些離職的舊員工就會在就業網站上說公司的壞話。也有人會擅自刪除網路論壇上針對公司不合理處的抱怨，因此引來網路上的負面評價。

我自己也開公司，同樣站在經營者的立場，我瞭解擴展事業一定會增加許多與各種人接觸往來的機會，包括好人和心存不良的人，因此糾紛是無可避免的。在這個過程中，那些被稱為成功經營者的人，必然也都樹立了「反對者」。

◉不要被聰明人利用了

然而，經營者所寫的勵志書，通常不太會提到以上這些狀況。如果完全聽信這些書中的「好聽話」，成了前述的「好人」，就真的中了聰明人的技倆了。

任何人都會美化過去，勵志書的作者也是一樣，所以很容易寫出一些漂亮的話或理想論。

不過，我們真正應該做的，並不是模仿那些成功者目前的行為，而是要學習他在邁向成功的過程中所做的事。

一些無法推敲出文字背後意義的人，或是價值觀根深柢固的人，實在沒辦法想像成功者到底經歷過哪些努力。這樣的人，最後只會被作者及出版社所販賣的書籍或講座所利用，花了錢卻什麼也得不到。

◉模仿他人的思考，會讓自己停止思考

社會上有非常多人因為不具備金融知識，因此即使擁有高學歷也賺不到錢，過得很窮。同樣的道理，也有很多不懂得看書技巧的「博學笨蛋」。

大家不妨想想自己是否有以下幾種狀況。

- **買書想學實用技術，卻發現書裡沒有教具體方法而感到生氣。**
- **從書上發現新的資訊或知識便會感到竊喜。**
- **很多書在看完都覺得沒有收穫，浪費錢。**
- **看了很多書，年收入跟存款卻沒有因此增加。**

這樣的人，書看得愈多，腦子愈不靈光。叔本華（Arthur Schopenhauer）在《讀書的藝術》一書中提到：「讀書不過是模仿作者的思考而已。」只是單純用眼睛追著文字跑，並沒有用自己的腦袋去思考。

以旅行為例，參加旅行團到義大利玩時，都會去旅遊書上介紹的特萊維噴泉，在噴泉前看一下，拍張紀念照。簡單來說，這樣的「義大利」，不過是大家相繼模仿，自己也跟著大家模仿罷了。實際在當地所看到的義大利，跟出發前的想像完全相同，說到底，只是一趟「確認之行」而已。

看書也是一樣，如果不用心思考，就會變成「確認性的看書」。

藉由看書更加確認自己的觀點，因為自己的想法和書中論點相同而感到放心，很高興作者說出了自己所想的事等。只要這樣就算是一本好書，可以賣得很好。這就是當今市場的現象。

的確，這樣的書讀起來很痛快，可以放心閱讀，讀完後心情也會很好。不過，如果只是這樣，從書中能學到的東西就很有限。

◉以思考重整的方式去閱讀

閱讀勵志書的方法，**說得明白一點，就是將書中的收穫轉化為自己的東西並加以實**

踐，再根據狀況修正方法，反覆實踐，最後將具再現性的技術轉換為自己的技能。

就算遇到和作者相同的情況，我們的思考也會受到自己的感情左右，而影響到判斷和行為。而這些行為的累積，就決定了我們的人生。

因此，如果只是盲目地看書，沒辦法在面對現實狀況時改變感受和思考模式，就算看了幾千、幾百本書，在現實中所採取的行為還是一樣，結果也不會有任何改變。即使花了再多錢買書，花了再多時間看書，也是一樣。

也就是說，閱讀勵志書的必備態度是，「把方法套用在自己身上去思考」，以及「建立自己所缺乏的理想思考習慣」。

當然，閱讀時難免會產生一時的情緒，這時就必須將後續的思考「化為自己的想法」。

對於書中的內容，不要只以「有共鳴」或「沒感覺」等膚淺的結論為了結，而是應該將書中的內容吸收到大腦裡，藉此破壞一直以來的既定觀念、先入為主的想法和自我局限的框架，接著再進行重組，建立一套輸出後更具附加價值的思考模式。換言之，就是必須以「重整」思考的態度去閱讀勵志書。

暢銷勵志書《夢象成真》（水野敬也著）中，有以下這麼一段話。

「你一直用自己的想法去做，最後完全得不到結果，所以才變成現在這樣，不是嗎？」

「不會成功，最主要是因為『不聽別人的建議』，這個道理不用說也知道吧。就算想成功，想法和作法卻一直沒有改變，說到底，這就是『被自己的想法綁住了』。」

15

捨棄物欲

無法捨棄的人

完全存不到錢。

成功捨棄的人

不知不覺就存到錢了。

「因為想要，所以購買」，看似再自然不過的消費行為，但這麼做只是在花錢而已。這種人很容易成為月光族，卻完全不知道自己到底把錢花到哪裡去了。

花錢是為了獲得某種成果，光是有錢只能獲得安心，對生活並不會有任何改變。

也就是說，如何使用金錢，會關係到生活環境、經驗及生活方式的改變。因此，如何控制「想要」的欲望以及把錢花在哪些地方，對人生將造成極大的轉變。

以下將介紹兩種控制「想要」等欲望的方法。

①把錢花在改變自己上

在花錢之前，先停下來想一想，「買了這個東西對自己有什麼好處」、「這筆花費可以為自己增加何種價值」。

例如，當「想要新的智慧型手機」時，如果只是為了「拿新機看起來比較酷」或「感覺比較好用、方便」等理由，買了之後就只會獲得「爽快」和「高興」，除此之外，生活或自己並不會有任何變化。

不過，如果是要將智慧型手機便利的使用方式或說明書，製作成電子書來販售，藉此提高收入的話，就能算是一項很好的投資。

又例如，「想買新衣服」，如果是為了「要穿去約會」，倘若會影響到能否因此跟對方交往甚至結婚，這個約會就有可能成為改變人生的契機，因此也可以說買新衣服會替自己帶來極大的幫助。

但如果是因為「討厭讓對方覺得自己一直穿同一件衣服」，或是因為「現在的衣服都已經穿膩了」等理由，就不過是自我滿足罷了，不會為生活帶來任何變化。

只要像這樣一一思考，就會發現其實很難找到值得買的東西。

當然，為了自我滿足而買新手機或新衣服並不是壞事，這種生活方式也沒有錯。

不過，抱持這種「只要自己開心就好」的想法，物欲會毫無限制地不斷增加，這種人基本上就很難存到錢。

②找到花錢的「重心」

只要找到最根本的重心來做為判斷標準，就能大幅減少許多無謂的浪費。

換言之，就是先決定「錢要怎麼花才能發揮最大的效用，好讓自己離理想狀態愈來

愈近，或是得到幸福」。

對我來說，我認為把錢投資在「工作和資產運用」上，可以讓自己離成功愈來愈近，而將錢花在「經驗與健康」上，則能讓自己變得更幸福。

基於這種想法，我可以毫不猶豫地花好幾千萬買房地產，還經常花二十幾萬日圓到海外視察市場狀況。我甚至會每個月付錢請業者更新我的個人網站，每個月買書的錢也不會低於五萬日圓。

為了認識朋友或客戶，並進一步往來、維持關係，我會經常招待對方吃飯。為了健康，我會特別留意食材的安全，寧願多花一點錢買有機蔬菜。

相反的，我幾乎不太花錢買衣服，頂多就是穿了好幾年的衣服破了，或起毛球、無法再穿時，才會買新的，而且也只會買UNIQLO或GU等平價品牌的衣服。雖然我太太都說我穿得太寒酸了，但我認為衣服就算穿得再好看，對我來說一點助益也沒有。

但另一方面，西裝部分，我則會訂做好一點的，因為我有許多演講和活動等上臺機會。出席這些場合時，良好的服裝儀容會讓自己顯得整潔且可靠。

也就是說，當產生「物欲」的衝動時，就隨時以自己的合理判斷去評估，如果理由可以接受，才掏出錢包。這種作法將會讓你割捨掉「物欲」，不必勉強自己就能存到錢。而且所有的錢都能花得正正當當、毫不心虛，甚至在生活上也會變得更知足。

16 捨棄節省及儲蓄的志向

無法捨棄的人

人生只求安定而變得狹隘。

成功捨棄的人

擁有更具深度且豐富的人生。

存錢只是把錢放著，除了安心以外，一點意義都沒有。

「車子只要不開，就可以省下油錢。」這種說法當然沒錯，不過，不開的車子到底有什麼存在的意義？

花了好幾十萬買的大衣，如果因為「捨不得」或「怕弄髒」而幾乎不曾穿過，擁有也等於沒有一樣。

對待金錢也是同樣的道理。二〇一四年，日本政府將消費稅增加至百分之八，甚至是百分之十，使得全日本掀起了一股守護家計的風潮。

緊急用的存款當然有其必要性，因為積蓄愈多愈能安心，也能減輕經濟上的不安。或許正因為如此，生活中到處都可以看到有關「省錢」、「儲蓄」的訊息。

不過，只有「把錢看得很重的人」才會有「存錢」的想法。這種想法是因為不想對錢放手，所以才會選擇不花錢而一直放在身邊。

曾經有個身價一百億的人，在雷曼兄弟事件中損失了九十九億，因此想自殺。明明手邊還有一億，卻只看到損失太大而感到絕望，這全是因為把錢看得太重了。

節省及儲蓄的想法，會讓人不太願意先投資自己，因為與其把錢用來享樂或自我成長，「存下來」才是這種人對錢的最終目標。

這種人通常會藉著「獎勵自己」的理由，衝動花錢買不值錢的東西，或是被不合常理的投資詐欺給誘惑上當。

因為這類型的人不太會花錢來豐富自己的人生，對於商品或投資缺乏選擇判斷的能力，因此只能藉由花錢買東西來排解壓力。

只知道拚命存錢，卻不懂得增加收入的方法，所以無法看穿合理投資與詐欺之間的區別。

◉留下三百萬遺產的日本人

日本人死後平均會留下三百萬日圓的遺產，意味著這些人不曾體驗過價值三百萬日圓的各種人生經驗，就離開人世了。姑且不論那些想將資產留給後代子孫的人，這樣的人生難道不會太可惜了嗎？

大家不妨稍微思考一下，享受人生到底需要花多少錢。

參考下一頁的列表就會發現，如此大手筆地享受人生，總計才花了一千五百三十五萬日圓。如果有三千萬日圓的存款，就算做了這些事，都還剩下一半。

這筆三百萬日圓的金額，多到別說是環遊日本一周了，連環遊世界一周都沒問題。但很多人都會延後享受人生，一直延宕到最後離開人世。

當人生走到盡頭、倒臥在病床上時，最令人後悔的通常不是做過什麼事，而是那些還沒做過的事。

金錢不過是一種工具，存錢是因為有想做的事，唯有這樣的目的，存錢才會成為一種合理的行為。不過，若是把存錢當興趣的人就另當別論了。

現在，你要做的是回頭檢視自己所存的錢，是否真的有讓你或家人的人生過得豐富而精采。

開咖啡店（約十坪大）：約七百萬日圓
環遊日本一周：約四十萬日圓
環遊世界一周：約三百萬日圓
到美國留學：約三百萬日圓／年
自費出版：約一百萬日圓
主辦派對：約四十萬日圓／五十人
架設個人網站：約三十萬日圓／二十個頁面
成立公司：約二十五萬日圓

◎合計：一千五百三十五萬日圓

17

捨棄照片和行事曆

無法捨棄的人

付房租用來堆垃圾。

成功捨棄的人

將過去的事轉化為積極的能量。

我幾乎把「回憶」全都丟了，包括自己小時候的照片。這麼做，對於當初努力拍照留念的父母實在很抱歉，但看著那些自己毫無印象的照片，我完全沒有任何感覺，頂多用來製作當年結婚典禮上的成長影片而已。

旅行時，我也很少拍照，最多就是為了用來放在個人網站或臉書上，或是做為講座等活動時所用，再者就是為了讓沒有同住的父母看看我目前的樣子。

就連賀年卡和信件之類的，我也全都丟了。

這些東西當然也會讓我感到「懷念」和「青春年華」，但這種感受無法讓我現在的行為變得更有意義，光看這些東西也沒辦法讓人產生積極的能量。

◉保存回憶成了一件麻煩事

行事曆等過去的東西，我也全部丟了，因為就算瀏覽這些過去的行程，也不會讓我變得特別高興。

有些人在工作上或許需要靠著過去的行事曆，來回憶與每個人會面的確切日期，但我的工作並不需要面對這種狀況，因此也不必保留過去的行事曆。

收到的名片，我都會保存在盒子裡，差不多每年整理一次，只要是看著名字想不起長相的人，我就會把他的名片給丟了。

真正有往來必要的人，在交換過名片之後，通常都會立刻以電子郵件做聯繫，平時也會在臉書上有互動，完全不必怕會忘了對方的聯絡方式。

唯獨電子信箱，由於使用的是沒有容量限制的網路信箱，就沒有整理，保留了所有的信件。

電子信件具備存證的功能，當工作上產生糾紛時，可以做為保護自己的依據。但基本上，我從來沒有發生過任何糾紛，就沒有回顧的必要了。

◉與其懷念過去，更應該專注於現在和未來

捨棄回憶當然只能算是我個人的價值觀，並不會因此就否定保存回憶的作法，畢竟這只是我個人的想法，和各位的看法不同也是理所當然。

不過，至少從實際面來看，我認為回憶過去、沉浸在往事中或是懷念過去的行為，都是逃避現實的舉動，絲毫不具任何生產力。

或許有人會覺得我這種想法有點落寞，但捨棄過去有兩個好處，一是「變得很輕鬆」，二是「可以專注在現在和未來」。

減少保存的東西，就物理上來說，所需要的空間就會變小。轉成數位資料雖然不會占空間，但光碟片過了幾年也會壞，隨身碟或ＳＤ卡有可能受磁氣影響而遺失資料。

雲端空間也可能因為提供服務的公司之緣故而中止，這時就必須做資料備份或轉移。不過，假使資料不多，就不用花那麼多時間來做這些事，也不會因此感到費心了。

另一方面，「專注在現在和未來」指的則是與其回顧過去，不如努力讓現在和未來變得更好，反而能讓過去變得更美好。

不管過去做了再多好事，一旦晚節不保，大家都會認為「你一定從以前就做盡惡毒之事」，一切都毀於一旦。

相反的，就算過去吃盡苦頭，只要之後獲得好名聲，大家對你的評價都會變得正面，認為「正因為以前那些苦頭，才造就了現在的你」。

從現在開始到未來所做的努力，甚至可以改變過去所代表的意義。只要有這種認知，你就會知道自己沒有時間可以緬懷過去。

第四部

工作術

18 捨棄時間管理

無法捨棄的人

滿足於忙碌的生活。

成功捨棄的人

達成目標。

我主張「不需要時間管理」，就像我對「行事曆管理術」之類的方法，一點興趣也沒有一樣。我之所以這麼認為，主要有兩個理由。

首先，因為物理性的時間不會改變，因此需要管理的並不是時間，反而應該是「做事方法」。

比起如何有效利用時間或做多少事，真正應該重視的是將做事方法調整到最佳狀態，利用同樣時間卻能發揮最大的工作成效。換言之，就是行為管理。

◉做事時要專注在目標上

我在中午之前都盡可能不安排開會之類的行程，因為中午之前是我專注力最好的時段，在這段時間內專心於重要的工作上，可以達到更好的成效。

開會或會面等行程就安排在下午，因為開會不需要太多專注力。另一方面，整理郵件或寫請款單等雜務，也不太需要思考就能完成，所以全都等到下午再進行。信件部分，除了急件之外，也都延到下午再回覆。

把專注力較好的時間用來做重要的事，無法專心的時間就用來做不需要專注力的工作。這就是重視成果而非時間的做事方法。

此外，我也會把外出行程盡可能排在同一天，增加不需要外出的日子。

一旦外出，時間容易變得很瑣碎，包括走路、等紅綠燈、等電車、等對方赴約等，就花費的時間來算，獲得的工作成效明顯減少許多。

不需要外出的日子，就完全不需要擔心得趕快準備去赴約，因此就能專注在自己的工作上。

在不必外出的日子裡，不用在意時間或其他任何事，只要一心專注於工作成效。我會利用這段時間寫書籍或專欄、電子雜誌的文稿，或是構思網站內容、計畫新工作、瀏覽網路資訊等。

把「怎麼做才能獲得最好的工作成效」當作第一優先，來思考做事方法，再進一步分配當天的做事順序。如此一來，就能避免「忙了一整天卻沒有任何結果」的情況發生，而能營造出一個容易發揮最佳成效的工作環境。

◉捨棄無謂的時間浪費

人們總是把時間花在沒有意義的事物上。

沒有結論也沒有意義的會議、只會抱怨而沒有實質行動的喝酒聚餐、媽媽們東家長西家短的聊天聚會、社群網站上自我滿足的發表、沒有必要的貼圖或簡訊往來、充滿無用訊息的八卦節目、到了隔天連頭條新聞都不記得的報紙閱讀……

從這些「不知不覺就這麼做」的習慣中，清楚區分哪些事真正值得自己花時間去做，不需要的就乾脆直接捨棄吧。

除此之外，也不要再花時間讓自己變得膽怯軟弱或空虛，自我厭惡或感到後悔。

相反的，要不斷製造讓自己變得更有自信、更能感到幸福的時間，而且盡可能在每一天中不斷營造這些時刻。

就算無法讓一整天都充滿這些時刻，只要隨時提醒自己不斷努力，最後也能擁有充實的一天。

◉行事曆中記錄的是「與他人的約定」

我認為不需要時間管理的第二個理由是，行事曆上寫的大多只是「與他人的約定」，但真正重要的應該是「和自己的約定」，例如「自己該做什麼」、「想成為什麼樣的人」、「想建立一個什麼樣的人生」等。這屬於觀念上的認知。

翻開行事曆，裡頭大多是和他人之間的約定、他人交代的工作期限等，主要都是預定行程的備忘錄。關於「為了自己的成功，什麼時候要做什麼事」等，完全沒有提到。

既然是工作，遵守與他人的約定當然很重要，甚至私底下重視朋友，也是理所當然的事。

不過，如果不為自己找事做，就只能接受他人之事的差遣。如果自己沒有行動計畫，就只能花自己的時間去為別人圓夢。

如果無法自己提案創造新工作，只會被使喚去做公司或上司交代的事。如果只是應朋友之邀去喝酒聚餐，就只能淪為朋友抱怨的發洩對象。

因此，像時間管理這種只是為了遵守與他人之間約定的作法，希望大家要盡量減少。取而代之的應該是重視行為管理，藉此達成與自己的約定，實現自我的理想人生。

19

捨棄顧客導向的作法

無法捨棄的人

永遠不會有大膽的想法。

成功捨棄的人

發想出顛覆世界的點子。

市場導向（＊1）被視為企業最重要的概念，我在某種程度上也認同這一點。但事實上，市場上許多熱銷商品卻都是從商品導向（＊2）的概念所產生出來的。

＊1 以消費者的需求為主，進行企畫、研發新商品或服務。

＊2 商品研發、生產和銷售活動，都以企業的考量（邏輯或想法、感性與深思、技術等）為優先。

在過去，人們的需求非常明確，可是到了現今，物質生活豐富，日常生活不虞匱乏，人們的需求也因此變得模糊不清了。

問客人想要什麼，客人的反應也是不清不楚，甚至直接詢問客人這樣的問題，都可能犯了意想不到的錯誤。

◉調查表以外的隱藏需求

過去，我在超商工作時，曾參與新商品開發的網路調查，當時有一樣商品在調查中大受好評，但推出後的市場反應卻是一片慘敗，完全賣不出去，上市後沒多久就立刻下架了。

在問卷調查的特殊形式下，對單一商品做評價時所產生的印象，與實際在賣場裡和其他商品做比較，再加上是花自己的錢去選擇，這時的判斷結果與先前的印象之間，通常會有非常大的落差。

稍微想一下就會知道這是再簡單不過的道理，如果光靠問卷或面對面的意見調查，就能知道什麼商品會賣，承包市場調查的公司不就能獨占整個市場了。但事實上並沒有這樣的公司，表示就算做了市場調查，也不保證一定會被市場所接受。

當然，市場調查和聆聽顧客意見還是有其意義存在，不過，所採取的方法必須經過非常縝密的推敲及設計，才有辦法挖掘出顧客的潛在需求。

即便如此，像日本電機企業般只會一味地增加機器功能、加拉巴哥化[1]的商品開發，或是自以為會賣的商品導向等，這些方法全都不適用於現今的市場，因此所有企業家無不為此感到苦惱。

◉「強烈需求導向，商品導向」的商品開發術

我要提出另一種商品開發的方法——「強烈需求導向．商品導向」，也就是「把開發者自己極度想要的東西商品化」。

許多市場熱銷商品都蘊含著設計開發者的強烈欲望，而這股強烈的熱情也正說出了顧客真正的需求，進而轉化為創造，最後變成商品。

NAVIT公司負責人，同時也是開發製作知名的「地下鐵轉乘地圖」的福井泰代，就是以自我需求去開發商品的例子之一。

1 加拉巴哥化：Galapagosization，日本特有的商業用語，意指在孤立的市場環境下衍生出最適合當地環境的商品，卻缺乏與外界的互換性，因此當面臨外界更具競爭力的商品時，便輕易地就會被淘汰。——譯者注

她曾在某個炎熱的夏天，以嬰兒車推著小孩出門，在轉乘地下鐵時，為了尋找正確的出入口，在車站中來來回回走了好久，最後累到精疲力盡。那次的經驗，讓她開始思考：「如果事先知道轉乘的出入口在哪裡不就好了。」

於是，她利用週末的時間，把小孩交給先生照顧，自己開始在東京都內的地下鐵展開調查，記錄下兩百多個車站中，每一處手扶梯和電梯、廁所等的位置，以及轉乘每一路線時最方便的下車車廂等。

接著，她將這份龐大的資料整理成企畫書，提案給五十多家企業，最後終於獲得出版的機會。

◉每一個自己的強烈需求，背後都有許多抱持同樣想法的人支持著

我也是自我取向的人，從來就不是顧客導向，我一直堅信只做自己想要的東西。

商品的細部改善當然也很重要，但可以顛覆市場的商品，通常都不是那些可以讓十個人都感到滿意的商品，而是即使十個人裡有九個人覺得不需要這種東西，卻有一個人極度渴望到，會因為這項商品的開發而感動得痛哭流涕，這項商品就具備了顛覆市場的力量。

就算覺得自己的點子很好，一旦周遭的反應不是很熱烈，大部分的人都會選擇放棄。不過，只要有一個人為了這個點子而著迷，它就有可能會成為熱銷商品，值得到市場上放手一搏。

反而是大家都認為很好的商品，就要特別當心了，因為這表示這項商品合乎所有人的理解，屬於一般常識範圍內的東西。換言之，就有可能是非常老套、沒有新意的商品。再者，大家都覺得好，也代表這是很容易想到的點子，很可能早就有人已經開發販售了。

需求不能靠尋找，而是要去創造。方法之一就是找出自己強烈需要的東西，也就是從自我內在去挖掘。

20

捨棄「解決問題的思考模式」

無法捨棄的人

非解決不可的問題愈來愈多。

成功捨棄的人

專注在解決真正重要的問題。

「解決問題」一詞已經在商場上根深柢固，就連在日常生活中，也會遇到許多問題。這時候怎麼應對，也就是如何解決問題，會對我們的人生產生極大的改變。

舉例來說，一早起來要刷牙，卻發現沒有牙膏了。這時有許多不同的解決方法，包括「用鹽巴刷牙」、「趕快到超商買牙膏」、「上班途中順便買牙膏，到公司洗手間再刷」、「嚼口香糖代替刷牙」，甚至是「不刷牙直接去上班」。

又例如，一早直接到客戶的公司去做簡報，到了那裡才發現忘了帶資料，這時該怎麼辦呢？

「打電話回公司，請人幫忙送過來」、「請求客戶將開會時間往後延，趕快回公司拿資料」、「光靠大腦裡的資料直接簡報」、「請求客戶擇日再簡報」……可以想到很多種解決方法。

如果可以事前預防問題，或是遇到問題時盡快解決，就比較不用擔心，不僅可以預防損失，還能從中獲得利益。因此，解決問題的能力，關係著能否實現夢想的人生。

也就是說，「解決問題的能力」不只在商場上很重要，對人生來說也是一種「獲得幸福的思考與行為」。

解決問題的方法，一般來說分成三大類。

①「解決發生的問題」

②「解決發現的問題」

③「解決創造的問題」

「解決發生的問題」，指的是解決已經發生的問題，這也是許多人對「解決問題」最常見的理解，就像生病了就要找醫師治療。不過，這類針對問題困擾的對症療法，只是權宜性的方法而已。

第二類「解決發現的問題」，意指在問題還未擴大之前提前發現，以事先預防的方式，防止問題浮上檯面。在問題尚未形成前就先採取行動，問題便不會發生，就不需要解決問題了。就像只要平時注意保持健康，就不需要看醫師。

第三類「解決創造的問題」，意思是自己努力尋找問題。不要等別人說，先想辦法克服自己的弱點，或是盡可能地發揮自己的優點。就像把運動量不足設定為自己的課題，計畫性地進行運動。

◉最厲害的解決方法，是「不把問題當問題」

以上三大類都是一般解決問題的方法，而我要介紹的是第四種方法。

這種方法非常簡單，就是「不把問題當成問題看待」。就算其他人覺得「那是問題」，只要自己不這麼想，就沒有解決的必要。

例如，「身材豐腴，健康檢查結果證實是代謝症狀群」，以日本的醫療常識來判斷，都會建議應該要減肥了。

然而，也有研究顯示「胖的人比較長壽」，甚至也有說法指出，膽固醇並非完全不好，而且也有人就是喜歡自己的另一半胖胖的。

像這樣以自己的方法去思考，只要能找到合理的理由，就可以告訴自己不需要在意「胖」的問題。如此一來，「代謝症狀群」就不再是問題，也不需要解決了。

簡單來說，就是面對別人所說的問題時，千萬別不加思索地就認定「非解決不

可」。只要對自己來說不是真正重要的，不管別人怎麼說，盡可能無視於問題的存在就可以了。

一個幸福的社會，是建立在生活其中的每個人都能獲得幸福之上。因此，首先要做的是為了自己和家人的幸福，把心力專注在真正需要面對的問題上，如此才是最具建設性且合理的作法。

21 捨棄情報訊息

無法捨棄的人

思想受情報所控制。

成功捨棄的人

思考能力變得更好。

在這個年代，一旦發生事情就會立刻被公開到網路上，一下子就在全世界傳開來。網路訊息不斷更新，才一個小時前的訊息就已經算是舊新聞了。

另一方面，報章雜誌上的文章或新聞報導等，也全被放上網路，隨時都可以瀏覽。於是，過去情報蒐集術或管理術中所主張的剪貼、保存等方法，都漸漸變得毫無意義了。

需要時再一次蒐集，利用後就完全捨棄，也就是把情報當成消耗品來使用，這樣的方法更適合現代社會。

如此一來，真正需要保存在家裡或公司裡的情報訊息會變得非常少，生活就能變得更輕鬆了。

正因為處於這樣一個時代，「捨棄情報訊息」的想法才更顯得重要。

◉停止為思考而蒐集情報

我出生於一九七一年，小時候幾乎都是在室外玩耍。我記得是上小學後不久，市面上才開始出現電視遊樂器，在室內玩遊戲的機會才漸漸變多。

如今，每個孩子從懂事的那一刻開始，身邊就充斥著電腦和手機，不必花費任何心思就能玩得很開心。

蒐集情報訊息也變得更簡單了，只要利用網路檢索就能獲得大略的認知，網路上也到處可見各種技術分享，儼然已經到了一個不需要動腦思考就能找到「答案」的時代。

於是，就出現一些人誤把網路上的訊息，甚至是傳聞之類的不實情報，當成事實。

情報訊息本來就是思考的材料，情報之所以存在，是為了找到思考的方向，讓人可以從蒐集來的情報中有所發現，導出結論並採取因應行為。

然而，這個訊息氾濫的年代，不只對有思考能力的人提供了有力的工具，另一方面也對沒有思考能力的人，剝奪了他的思考，可以說是個將知識極端兩極化的時代。

◉訊息的解讀能力

之前有一則新聞是，警方逮捕了一名以３Ｄ列印的方法製造槍械的人。受到這則新聞的影響，當時的報導呈現一片負面聲浪，大家都在討論「3D列印技術的弊端」以及「必須針對3D資料下載制定規範限制」等。

在這樣的社會氛圍中，我卻感到一股興奮，因為從這則新聞可以發現，在企業環境的劇烈變動下，可以期待的是個人競爭力將會因此受到激發而愈來愈強。

3D列印是一種可以製造出立體印刷品的裝置，功能不同於以往在紙張上的平面印刷。

這種技術現在已經實際使用在製造業和建築、醫療等場所，也由於一臺機器只要十萬日圓，所以任何人都買得起。或許在不久的將來，就會像手機一樣普及，人手一臺3D列印機。

一旦這一天到來，所帶來的效應是任何人都可以自行從事設計製造，即使是一般普通技能等級所製造出來的物品，都可能隱藏著巨大的商機。

3D列印做出來的東西，能直接拿到網路上販售。像是深受來日本觀光的外國遊客所喜愛的食物模型，也能在家將自己的料理掃瞄列印出來，上色後就拿到網路上販售了。的確，複製他人的作品是犯罪行為，就跟侵犯音樂或影像著作權一樣。但是，3D

列印技術確實可能對個人的買賣行為造成改變。

然而，如果光從前述媒體的負面報導來看，想必一定無法推敲出3D列印技術的這些可能性。

當情報訊息蒐集到某個程度時，就先暫停蒐集新的情報，思考接下來可以怎麼做。接著，再假設自己的論點，並以實際行動驗證，最後提出結論。

如果只是蒐集情報，而沒有經過思考和導出結論，就等於「什麼都不知道」，因為這是個以成果代表一切的時代。

22

捨棄準時下班的心態

無法捨棄的人

中年以後收入愈來愈少。

成功捨棄的人

工作實力愈來愈強。

許多報章雜誌等媒體都告訴大家，面對工作要落實「不加班」的原則，實現「工作與生活平衡」的夢想。

這種工作方式確實是最理想的，我也贊成以最短的時間完成工作，沒有什麼比這點更讓人有成就感了，而且隨時留意上班時間的最後底線（即下班時間），也能提升工作效率。不過，這都只是針對附加價值低的「行政作業」所言，而「工作」原本就必須有所附加。

舉例來說，隔天要拜訪客戶，這時做事有效率的人就會先稍微瀏覽一下客戶的網站，將過去針對同樣業務性質或形態所做的提案書拿出來大略修改，最後再上網找出客戶公司的交通地圖，列印出來放進公事包，如此就算準備完畢。

不過，這些準備每個人都會做。

如果是有成長空間的人，會進一步針對客戶公司或案子負責人可能會遇到的問題進行假設，事先準備好問題和解決方法，等到和客戶開會時，再詢問對方是否需要這方面的協助。

這時，客戶可能會因此覺得「這個人不一樣」或「把事情交給他應該會成功」等。

為此，當然就必須事先詳讀業界相關雜誌和各種資料，從中思考問題，參考成功案例等，做足準備。

除此之外，由於客戶是業界的頂尖人士，對整個業界的狀況一定都瞭若指掌。這時，如果拿對方早就知道的事情來誇口，一定會被對方奚落。因此，除了業界的狀況之外，也要「事先瞭解其他業界的案例」。

那麼，以上這些準備，真的可能在「不加班」的情況下完成嗎？

◉提倡不加班的人，不是老闆，就是「曾是工作狂」

提倡工作不加班的，到底都是哪些人？

簡單做個調查就會發現，大部分是企業經營者。以經營者的角度來說，員工加班就是成本付出，而且還可能造成員工得憂鬱症或過勞死，甚至會使得優秀員工因此離職，這些都算是經營上的風險。因此，尤其是大企業或上市公司的經營者，都會想盡辦法減少員工加班。

也就是說，「不加班」其實是和一般人立場相反的人所主張的。姑且不論從個人成長的觀點來思考，不加班是否真為自己所期望的作法。對於這個從他人角度所提出的論點，絕對不能囫圇吞棗地輕易接受，一定要對照自己的狀況來審慎思考才行。

另一種主張不加班的人，是像知名經濟評論家勝間和代一樣。**這類型的人過去在工作上非常拚命努力，提升實力之後，如今都過著可以維持工作和生活品質的日子，因此他們可以採取「不加班」的工作方式。**如果不清楚背後的現實狀況，就去解讀他們的主張，只會誤解了「不加班」的真正意義。

◉過去拚命努力工作的時期

我的第一份工作是在近乎被解雇的情況下離職的，那時候我為自己的能力不足感到非常煩惱，於是做第二份工作時，便決定花兩年的時間放棄生活品質，全心全意投入在工作中。這個想法源自於許多商學院的課程都是兩年制，因此我認為只要努力兩年，一定可以看到成果。

我的第二份工作是在連鎖超商，一開始做的是門市員工。

早上七點到店裡，下班通常都是晚上十點過後了。每週只休一天，週六和國定假日則都沒有休息。加班費與節日加班費，只能拿到公司願意承認的部分，其餘的都被視為自我進修的時間。

一年後，我晉升為督導員，負責指導各門市。但即使已經升官了，工作還是一樣忙碌。當時，我每天開著公司車到處巡店，完全沒有加班的概念，從一早到深夜四處跑。空閒時，就到對手的門市去刺探狀況，放假時，就去視察新開幕的商場。

◉下班回到家後，什麼都不做

下班回到家後，就只有休息，完全不做家事。因為睡眠狀況會影響到工作品質，所以完全不刪減睡眠時間，晚上十一點就寢，隔天早上六點起床，如此就能確保睡足七個小時。

我不看電視、不上網，不掃地、不煮飯，反正家裡髒了也死不了人。三餐就在各門市的辦公室裡吃微波便當，反正不會一輩子都這樣吃，就不在意了。

因為是自己一個人住，洗衣服這件家事省不得，但內衣褲、襯衫、西裝外套，我都各買了六套，也準備了很多條浴巾，每天換下來的衣服，就留到週日再一起洗，如此一來，平常就可以不用洗衣服了。

每天晚上回到家，十五分鐘後一定就寢，早上起床只要淋浴，不到三十分鐘就能出門上班。雖然這樣的日子無法有任何娛樂活動，但我就當作是自己選擇什麼都不做。

三年後，我從全國一百五十個督導員中脫穎而出，成為優秀員工，接受公司表揚。

◉把異常當成「正常」之後所看見的事實

二十九歲那年，我跳槽到經營管理顧問公司。當時即使不是自願，我也被那裡異常的工作環境逼得不得不努力。

每天下班都已經凌晨兩、三點了，幾乎天天都是搭計程車回家。沒有休假，一年裡有三百六十天都在工作。除了和公司同事聚餐或迎新餐會等重要活動之外，其他邀約幾乎完全推掉，也不外出遊玩（根本沒時間去）。除了工作所需以外，所有的閱讀和學習都完全放棄（其實是沒時間）。我捨棄了所有最基本的生活品質（其實是不得不放棄），就這樣持續工作了三年。

或許有人會覺得不可能做到這樣，但人類是習慣的動物，一開始的確很痛苦，但過了一個月後就習慣了。即使是不正常的生活，只要每天持續這麼過，也會變成正常。

當然，每個工作環境不一樣，每個人罹患憂鬱症或過勞死的極限也不盡相同，所以這樣的說法並不適用於所有人。即便如此，平凡的日子也能不平凡地過，接著再把它視為平凡。就這樣到了最後，我終於擺脫過去悲慘的感覺。

◎二十到三十五歲是奠定基礎的時期

假設你現在二十歲，之後必須再工作四十年，如果一直堅持不加班，四十年後，你還具備賺錢的工作實力嗎？

在現今這個年代，工作上的競爭對手不只有本國人，甚至包含新興國家在內的整個世界。尤其是中國和韓國的菁英階級，更是不分晝夜地拚命工作。

面對工作時，如果只知道和本國人做比較，或是主張一定要符合勞基法，從個人成長的角度來看，真的會有所幫助嗎？

就像山高則山麓廣，地基挖得夠深，建物就能蓋得更高，年輕時與其重視休假或收入，不如專注在鍛鍊技能、打好基礎，往後的成長空間就能變得更寬廣。

只要這麼想，就會知道不需要老老實實地把自己的生活方式，套進公司或法律所制定的「上班時間」框架內。

當然，人生中有時會需要把重心放在孩子身上，也有必須照料父母的一天。不需要太過勉強自己而把身體搞壞，所以，有時也必須提起勇氣斷然地放下工作，好好休息。

將以上種種都納入考量後，再來決定自己的工作方式，甚至包括提升自我能力的方法。用這樣自我負責的判斷標準，來決定生活方式，才是所謂掌握自我人生的主導權。

23

捨棄完美主義

無法捨棄的人

人生受困在壓力中。

成功捨棄的人

變得能夠接受挑戰。

就像許多前人所說的，「完美主義」也是必須捨棄的習慣之一。在某些領域中，的確得追求完美，例如醫療行為。不過，在一般日常生活中，講求完美只會讓世界變得狹隘，為自己帶來壓力。

完美主義的壞處有以下幾項：

①反應慢。

②面對變化時容易不知所措。

③心理壓力大。

④容易對他人感到不滿。

①反應慢

如果凡事都要完全準備好再採取行動，反應一定會比較慢。以學校考試為例，「模擬考」就算考不及格，卻能從考試過程中，知道面對什麼樣的題目該如何分配時間，也可以瞭解考場的氣氛和自己面對考試時的心理狀態。

如此一來，在下一次模擬考或真正大考時，就能做得更好。模擬考的次數愈多，面對真正大考時就愈能保持平常心。

在商場上也是一樣，即使自認為企畫已經很完美了，一定還是會被迫要因應顧客反應或市場變化做修正。

我過去的失敗事業中，有一項工作是「投資標的檢索網站」。當時我們規畫了一個非常大的遠景，和網路製作公司針對研發工作（程式功能設計）不斷開會討論，長達半年以上，投入了非常多的資金。

可是上市之後才發現，對手的程式服務已經領先我們許多，使用者的需求也已經改變，不同於以往了，因此我們的東西完全賣不出去。當時就算想挽救，也由於一開始設計時整個程式就已經環環相扣了，要修正得花上大筆成本，而我們的資金已經不夠用了。也就是說，我們已經沒有辦法了。

如果不想遭遇這種情況，當初應該在完成六至七成的進度時就先上市。上市後就會有顧客反應，能藉此獲得消費者意見。而就算顧客完全沒反應，也算是一種反應。

接著，再根據顧客反應去做調整，例如，「下次把這個地方稍微改良一下，應該會更受歡迎」，或是「這次這樣做很成功，下次再進一步改良，把東西變得更好」等。像這樣不斷錯誤嘗試，就能讓商品慢慢地愈變愈好。

②面對變化時容易不知所措

有時候，花了很多時間仔細製作完成的簡報資料，交給上司後，卻因為一些明顯的缺失或方向問題而被迫修改。

這時，一切的時間和努力都白費了，甚至會讓人一下子鬥志全消，提不起勁來。

為了避免發生這種情況，一開始對細節部分不必太過要求，先講求速度，當完成整個概況或結構時，就先交由上司過目。

如此一來，就算跟上司期待看到的內容不一樣，也可以藉此機會接受修改意見，防止到最後才重做或無謂的作業浪費等情況發生。

因此，就算不是很完美，總之，「先暫時完成」。

例如，寫企畫書或報告時，一開始就先抱著「後續還得修改三次」的心態去做，如此一來，最後一定能交出非常完美的成品。

第一次先以「不需要太講究細節，但又不至於太草率」的方式，大略完成整份報告，接著再根據上司的意見做修正，最後針對細節部分做補充，直到自己能夠接受的程度為止。

一旦在一開始就「先大概完成整個架構」，會感到比較放心，之後就可以專注在補充內容上。愈是提早完成整體架構，就愈有時間做內容確認或修改。

一開始先放棄以「完美」為目標，最後就能完成高品質的成品。這是我從過去經驗中所得到的教訓。

③ 心理壓力大

完美主義的人都容易累積壓力。

一定要成為模範員工、模範妻子，這種想法會讓自己無論在時間上或心理上，都被逼到無處可逃，身心俱疲。

相反的，只要告訴自己「大概就好」，頓時就能從各種強制力、壓力、義務中解脫，每天都過得很輕鬆。

要養成這種「大概就好」的態度，必須先捨棄「應該」理論。「應該要這樣」、「不這樣不行」等，這些想法都會將自己束縛住，所以最好捨棄。

這時，可以先試著思考一下，一旦捨棄「應該」理論，會對自己造成什麼困擾？

例如打掃，人不會因為家裡太髒就活不下去，就算不洗衣服，前一天穿過的衣服，噴點香水後，一樣可以蒙混過去再繼續穿。

又例如孩子的教育。父母的態度過於積極，孩子可能會因為壓力而罹患倦怠症。相反的，不盡責的父母，有時反而會成為孩子自我警惕的負面教材，因而養成認真的態度。因此，並非事先為孩子安排好未來的路就是正確的。

這樣的說法或許會讓人覺得有點牽強，不過只要這樣去思考，就會知道事情並非只有「完美」一種選擇，如此一來，就能容許自己放棄追求完美了。

④容易對他人感到不滿

完美主義的另一個缺點，是對於他人也會要求完美，想法容易變成「因為我很完美，所以你也應該要這樣」。

如此一來，待人就會變得嚴厲且無法包容，使自己感到焦躁，而對人怒斥：「為什麼連這個都不會！」

被強迫要做到完美，會使人感到不悅，漸漸地對方就會覺得你很「囉嗦」而遠離你。職場上的獨行俠，通常都是這一類完美主義的人。

人都是不完美的，這個社會也是，當然就連自己也是如此。這個世界上所有的一切都不完美，因此才充滿了發展與改進的可能性。只要這麼想，就能接受並原諒他人的不完美，漸漸地不再為他人的言行感到生氣或焦躁，可以過著情緒穩定的生活。

第五部

工作方法

24

捨棄公司的考績標準

無法捨棄的人

能力無法適用於其他公司或業界。

成功捨棄的人

發展出能適應各種環境的工作能力。

在和企業家交流的眾多經驗中，我發現那些不斷晉升的人和完全沒有成長的人，兩者之間還是有共通點。

其中一個共通點為「是否重視公司的考績結果」。愈是能力優秀的人，都說自己不知道公司人事考核的標準，也就是對於該怎麼做才能獲得公司高度肯定，一無所知。

如果在意公司給予的評價，對於一些事實上有損客戶利益的事，也會因為考慮到公司的立場而把它正當化。相反的，如果不把公司評價放在心上，就能專心思考「對待客戶時，要怎麼做才能保持雙方長期的合作關係」。

換句話說，就是找出自己應該發揮的價值。

以維修裝潢公司的業務員為例，從考績或獎金考核的標準來看，拿到愈多案子或單價高的工作，對自己當然愈有利。於是，面對客戶時就會把一些不需要的工程列入估價中，例如，「這邊有點破損了，早點修一修會比較好喔。」

不過，就我所熟悉的維修裝潢公司而言，最後獲得公司高度評價的員工，反而是站在客戶角度思考的人，例如，「這邊有點破舊了，不過沒關係，應該還不必修補，如果真的壞得太嚴重，請再跟我聯絡。」

業者老實說出沒有修理的必要，僅估價後就回去了。這樣的態度看在客戶眼裡，都會覺得他是真的在為自己著想。

對於這般誠實的良心，任何人都會感動，等到後續真的需要修理時，一定會再找同一個業務員，而且還會到處介紹給周遭的人。

事實上，這家維修裝潢公司在當地是最受歡迎的公司，深受所有居民信賴，有非常多老客戶，連大型裝潢公司都無法進駐到這個區域和它競爭。

◉一心為客戶著想，反而能夠獲得公司肯定

以飯店櫃檯接待員的工作為例，假設客人登記入住時，發現電腦裡沒有他的預約資料，這時你會怎麼做呢？

當你對客人說：「我們這邊查不到您預約的資料……」這時，客人可能會反駁你：「不可能，我有預約了。」

於是你再確認一次，還是找不到資料，只好跟對方說：「真的很抱歉，還是找不到

您的名字。」

「怎麼可能！我明明有在網路上預約，我還有預約成功的確認信，你看……啊！我訂錯月份了！」也就是說，搞錯的是客人。

這時候，客人一定會覺得很不好意思，而身為櫃檯接待員的你，或許會因此感到得意：「看吧，我不可能會搞錯的。」

不過，這麼想的你一定不知道，證明自己是對的所換來的代價，就是將來喪失了一位客人。如果幾經確認後，還是找不到客人的訂房資料，真正優秀的櫃檯接待員會這麼對客人說：

「真的很抱歉，可能是我們的作業疏失。我們現在立刻替您安排房間，可以請您稍候一下嗎？」

「怎麼做才對公司有利」、「怎麼做才會讓客人再度上門」、「怎麼做才能獲得客人的信賴」，把重點放在做生意最根本目的上，再去思考必須採取什麼行動。只要這麼想，就會知道和客人爭辯誰對誰錯，根本一點意義也沒有。

公司的目的雖然是賺錢，但比起賺錢，更在乎社會的觀感，因為那代表著企業形象。因此，對於受客戶歡迎的員工，公司絕對會重視，不會輕易放手。

我也是老闆，很清楚這個道理。當員工收到客戶的感謝函，這對公司來說是一種榮耀，對其他員工也會有正面影響，當然會重視這樣的員工。不過，這樣的員工往往最後都會離開，自己去創業……

相反的，愈是沒有創業能力的人，對公司的評價會愈在意，完全不顧客戶立場，只是一味地忠實於目標營業額等公司指示。而可悲的是，這種人通常就是會犯下組織性犯罪的人。

到頭來，只有那些一心在意「怎麼做才能讓客戶高興」的員工，最後才能獲得公司的肯定。

25

捨棄「工作更上一層樓」的想法

無法捨棄的人

拚命過著疲累的人生。

成功捨棄的人

擁有非常滿意的職業生涯。

雖然有點突兀，但我想在這裡簡單介紹一下我過去的經歷。

大學時，我對執業會計師的工作感到非常有興趣，於是考取了日商簿記一級的證照。不過在日本會計師考試中卻落榜，後來好不容易才考取美國執業會計師的資格。大學畢業後，我做了半年的自由工作者，沒有固定工作。最後，我終於找到會計事務所的工作，卻接連犯錯，才做了一年就近乎被解雇般地辭職離開了。

接著，我轉行到連鎖超商的總公司，從店長做到督導員，最後受頒為優秀員工，被提拔至總公司的企畫部。後來，雖然在工作上一直受到肯定，我卻感覺自己無法繼續在這裡獲得成長，決定再換工作。

接下來的經營管理顧問公司工作非常忙碌，一段時間後，我對這樣的生活感到疲累，於是開始投資房地產，試圖放慢工作腳步，讓生活回歸正軌。

後來，投資房地產上軌道之後，我辭去顧問公司的工作，和當時一位房地產公司的員工，因為意氣相投，合開了一家網路廣告代理商的公司。不過，公司不太賺錢，再加上我和股東之間在想法上的磨擦愈來愈多，最後我退出了公司。

我自己創立了一家房地產仲介公司，規模愈做愈大，但後來因為覺得管理很麻煩，乾脆將公司分割成不同的小公司，我的部分成了一人公司，也放棄了地產仲介的工作。

最近我做的都是自己感興趣的工作，包括代辦保險、代辦菲律賓英語留學、律動英語學校等。

這樣一回顧，我的人生就是不斷地重來，每隔幾年就放棄眼前的工作和經驗，投入另一個新的環境、新的行業中，而這些也造就了如今的我。

◉沒有捨棄就無法擁有新的挑戰

在同一個領域中不斷持續努力，當然也很重要。不過，停留在目前的地方，也等於捨棄了挑戰其他事物的機會。

當回想自己在工作上的變遷時會感到欣慰，通常是因為獲得了新的能力，而這個能力在一直做同一份工作的情況下，是絕對不可能發現的。

進入超商工作之後，「假設驗證」成了我基本的工作態度。此外，顧問工作則讓我學會了凡事以邏輯思考。這些能力對我後來的人生而言，都是非常重要的財富。

而且，正因為我離開了原本的工作，轉換跑道，才有機會學會這些能力。（當然，不換跑道也有不換跑道的人生境遇）。

除此之外，有了新的能力之後，在面對新挑戰時，一直以來的想法、行為和工作態度，也會跟著改變。例如，學會假設驗證的方法之後，面對新挑戰就不再感到膽怯，學會「先做就對了」的態度。

也因為懂得邏輯思考，後來的每一次投資都能有穩定的獲利，才有辦法寫出這麼多本著作。

有些人對於短時間就轉換跑道的作法，感到不以為然，但我認為這並非完全沒有好處。

把每一次的經驗當成自己的收穫，好好思考自己想做什麼、適合哪方面的工作，進而在人生路上不斷選擇（自己所認為的）更理想的道路。這才是真正重要的部分，也就是以更理想的人生為目標，不斷向前邁進。

在過程中，不斷轉換跑道和離職，都是很正常的情況。

◉職業沒有高升或低就之別

我一直主張「做自己有興趣的工作」，理由之一是這樣工作起來才會快樂。做自己想做的事，得到客人的感謝，甚至還能賺到錢，沒有什麼比這個更快樂了。

工作本來就應該是一件快樂的事，如果對每天的工作感到無趣，一定有問題。可能是這個行業或這家公司、同事，或是自己的心態，在某個地方有問題。

我們經常可以聽到「工作高升」這句話，但我認為工作並沒有高升或低就的區別，而是「幸福的工作」和「不幸福的工作」之分。一般來說，大家會把收入或社經地位的提升視為「高升」，但事實上，真的是這樣嗎？大家可以看一下我的個人簡介。

旁人看起來或許會覺得我擁有一份非常漂亮的高升經歷。

不過就如同前述，當上班族的最後那四年，我平日幾乎都忙到三更半夜才回家，沒有任何週末或休假，也幾乎沒有家庭時間。

◉逃避也無妨

當初我之所以辭掉會計事務所的工作，是因為我已經快得憂鬱症了。從進公司開始，我就不斷犯錯，不是計算錯誤，就是輸入錯誤，每天都被上司責罵，壓得我喘不過氣了。當然這是我的不對，但不管我再怎麼小心，還是會犯同樣的錯。

每天被罵，下了班還要被叫去喝酒訓話。同事都躲得遠遠的，完全孤立我，連跟我開玩笑都說不出口。

壓力大到讓我每天早上都爬不起來，結果上班遲到，又招來上司的怒罵。整個人變得沒有食慾，也無法跟同事一起去吃午餐，變得愈來愈孤立。

「不行了，我還是辭職吧！」當我有這個想法時，是在進公司不到一年的時候，但還沒下定決心。這時候，工作上的錯誤愈來愈嚴重。

對此，老闆和上司都受不了了，把我叫去，逼問：「你啊，到底想怎麼做？」一時衝動之下，我只能回答：「嗯……我要辭職……」

就這樣，我彷彿逃避似地辭掉了工作，也就是所謂的失敗者。不過，若是為了工作而把身心都搞壞，就全盤皆輸了。生命和身體比什麼都重要，為了守住健康和最卑微的自尊，就算被說是逃避也無所謂，所以我毅然放棄了那份工作。

近來，血汗工作或憂鬱症、過勞死的問題層出不窮。但從個人的角度來看，只要在發生這些問題之前辭職離開，就什麼問題都沒有了。

◉從事能改變自己的工作

離開會計事務所，換跑道到超商工作，對我來說是一大轉機。我拚命努力工作，第三年就獲頒為年度優秀員工。如果我就這樣一直在同一個領域工作下去，應該可以不斷晉升，往上爬到相當高的階級地位。

不過當時我才二十九歲，往後還有三十年以上的職業生涯，一定得不斷地往更廣、更深入的地方擴展我的舞臺。也就是說，當時我有非常強烈的成長欲望。

因此，我必須嘗試困難度更高的工作，和更優秀的人材互相切磋琢磨。

基於這些考量之下，我轉換跑道到管理顧問公司，因為我認為那是一個「可以讓自己變得更好的環境」。

後來，三十四歲那年，我捨棄了管理顧問公司的工作，獨立創業。之後，又不斷地開公司、賣掉、收掉，即便如此，我對「捨棄」完全不會感到抗拒或害怕。

我深刻體會到，不要為自己設下禁忌，只要在每個不同的時機點，做出最合理的判斷，「捨棄」反而會替自己帶來新的挑戰。

輕易就放棄或只想靠他人坐享其成，當然不會有任何改善。但冷靜評估自己的個性和當下的環境，眼前的這份工作是否為最好的選擇？繼續做下去，人生會變得更快樂嗎？大家不妨再思考一下吧。

26

捨棄提早退休

無法捨棄的人

結果是無法退休。

成功捨棄的人

一生都能做自己喜歡的事。

不少人都覺得工作很辛苦，所以想盡早退休。不瞞大家，我之所以會開始投資房地產，也是因為這個原因。

二〇〇四年，我光靠房租收入就能過活，於是我辭掉工作，暫時過著無所事事的生活。不過，自由所帶來的興奮感只維持了兩個月，沒多久我便感到生活無趣且充滿不安，於是和投資房地產時認識的朋友一起開公司，開始做廣告代理商的工作。

後來，我又創立了一家房地產仲介公司，雖然過程曲折，但一直到現在，我仍然做著與個人投資和創業相關的工作。

什麼都不做的日子，比想像中還要無趣。除此之外，更嚴重的是，如此一來，自己的未來就一點貢獻也沒有，更不會有任何成長，有的只是大腦不斷地衰退。這樣的未來讓我深感恐懼。

如此一來，之前的社會經驗和外資顧問經驗、工作和投資上的經驗等等，到底是為了什麼？別說是活用這些經驗來提升自我能力了，只是漸漸變成一個從職場上退下來、經驗不再適用於時下、跟不上時代變化的人。缺乏刺激的日子，讓我覺得自己的大腦愈來愈遲鈍了。

自己的這副模樣，父母看了會怎麼想？孩子又會怎麼看待這樣的父親？而且，二、三十歲的年輕創業家正以驚人的速度迎頭趕上，甚至超越自己。就算再有錢，時間再多，都沒有比這更讓人感到深切的恐懼了。

◉成功者再度重返職場的原因

這是我朋友的故事。

他在二十多歲時創立了一家公司，經營得非常成功。後來，他在三十歲左右將公司轉手賣給了某家大企業，一口氣獲得了數十億日圓。他心想，如此一來總算可以輕鬆了，於是移民至夏威夷，過著每天不是衝浪就是打高爾夫球的退休生活。

然而，不到一年，他又回到日本創立新公司，回到過去那個忙碌不堪的生活。

他說：「遊玩終究只是遊玩，就算是高爾夫球或衝浪，如果不是為了成為頂尖好手或有任何目的，一下子就膩了。興趣或娛樂終究無法成為人生的重心。」

他也說過：「正因為平常都在工作，週末時才會感到充實。也因為平常很忙，面對興趣和閒暇時間時，才會感到心情放鬆及愉快。再說，我深深體會到，不做點與人互動、對人有所貢獻的事，心裡的疏離感和不足感是多麼深刻。」

◉提早退休只是一種「手段」

這句話的意思是，提早退休並不是離開社會去隱居，而是製造出一個環境讓自己可以做真正想做的事之手段罷了。

換言之，這意味著工作成了興趣，興趣也成了工作。如此一來，真的每天都會變得很快樂。如果還能從中賺到錢，就會想再付出更多，做起事來更有動力。

經常有人問我：「你又有資產又有收入，為什麼還要工作得這麼累？」我總是回答對方：「工作這麼有趣，為什麼我一定要放棄？」

做自己喜歡的事，還能因此得到別人的感謝，甚至賺到錢。這麼好的一件事，我想大家應該都能瞭解為何我找不到放棄的理由。

我想，會問這種問題的人，應該打從心底就覺得工作並不快樂吧。這樣的人即使想提早退休，事實上也辦不到。

面對工作時，不會用心努力解決問題的人，不可能找到實現提早退休的方法或行動。

當一個人「有真正想做的事」而採取行動時，大腦會全力啟動，就能找到製造資產和多重收入來源的方法。這樣的人，一定能為自己製造出一個可以做喜歡的事過生活的環境。

27

捨棄成功經驗

無法捨棄的人

成為囉嗦的老頭。

成功捨棄的人

可以從所有經驗中找到收穫。

之所以要捨棄過去的成功經驗，理由很簡單，因為過去的成功經驗會讓自己束縛於老舊的想法中，因而無法再對大環境的變化做出應對。

一喝醉就會把過去的豐功偉業拿出來說嘴，活在過去光榮裡，大多是這一類的人。面對這樣的人，可以直接戳中他的盲點，例如，「既然你那麼厲害，現在就做出成績來看看啊！」

我曾看過某家商品期貨公司讓公司裡的最佳業務員直接擔任社長，這類的例子在以前其實很常見。

在過去還沒有網路的時代，開拓客戶主要都是靠打電話，因此所有最佳業務員的業績，幾乎是靠電話行銷建立起來的。

可是，近年來政府開始對商品期貨交易的電話行銷作法制定規範，比起以前，電話行銷變得愈來愈不容易了，業界的所有人都知道這樣的行銷方式總有一天會完全消失。

於是，幾家企業開始紛紛改變手法，改以舉行投資講座的方式，藉此取得客戶的同意，以達到行銷的目的。或者也有公司將期貨商品的範圍縮小，改以黃金或白金等現貨為主要商品，試圖在嚴峻的市場中力求生存。

相反的，堅持固守電話行銷的公司，由於舊有開發客戶的方法不再可行，又無法找到應對措施來擺脫困境，最後只能收掉公司，大量解雇旗下業務員或改聘至其他公司。

就這樣，目前的商品期貨公司和十年前相比，減少了約七成左右。

◉從經驗中只擷取「可用的部分」

這裡所謂的「捨棄成功經驗」，並不是要你把一切全都忘了，而是指別被過去的成功經驗束縛，而緊抓過去的方法不放。

不要機械式地不知變通，面對任何狀況都以相同方法來應對，而是要從過去的經驗中找出成功的要素，轉換成內在智慧或記取教訓。這才是面對成功經驗最重要、最應該要做的功課。

如此一來，就會知道面對什麼狀況可以用過去的方法來應對，或者需要加以修正，或者過去的方法根本完全不適用。

以賣房子為例，在現今這個資訊化的年代，過去那種面對面的直銷方法已經不再適用了，如今最常見的方法是上網登錄銷售資料，或是透過夾報廣告的方式，促使大家來參觀樣品屋，再藉此展開交易。

不過，有些商品或行業仍然適用於直銷，例如墓碑。墓碑不是生活必需品，一般人也不會隨便就買或買了又換。

像這類既非生活必需品又昂貴的高價商品，就必須讓客戶產生購買動機，也就是讓他知道「為什麼我要買這個」。如果是透過廣告或傳單、網路的方式，本身沒有這方面需求的人，根本不會留意，也不會主動上網檢索這方面的訊息。

不過，藉由直接面對面的說明，就有可能引發客戶潛在的需求，例如，「這麼說來，老家的墓碑都舊了，或許該為老人家著想，重新做個新的了」、「我以後的墓碑要比旁邊的來得好」等。

此外，如果是特別昂貴的高價品，「跟誰買」就變得很重要了。

就算一開始只是為了推銷商品，在接連拜訪之下，會讓客戶對你產生熟悉感，建立起信任關係，藉此就能順利賣出商品。「那個推銷員人很好，是他推薦的我才買！」會因為這樣而買東西的人其實不少。

將過去的經驗轉化成實際的智慧和教訓，例如商品特性、客戶需求及引發需求的方法等，在面對日後各種狀況時，就能區別哪些場合適用過去的方法、哪些情況不適合。

但是，如果只是一直受限於過去的方法，例如，「以前用這個方法可行」、「這個方法以前行不通」、「我比較擅長這種作法」、「這種作法我不太會」、「大家都這麼做」等，就會無法接受其他較新、較有效率的方法。

只要拋開這方面的固執，自然就能想出從沒嘗試過的方法，產生想試試不同作法的動力。而這股動力將會為你帶來更多可能性，讓你的能力更上一層樓。

28

捨棄「忍耐」

無法捨棄的人

徒增無謂的努力。

成功捨棄的人

找到方法來實現想做的事。

過去，日本推崇「忍耐才是美德」的文化，現在多少仍有這種觀念，許多老一輩的人都會教我們「要忍耐」、「不要吃了一點苦就受不了」等。

不過，我認為，如今這個社會已經漸漸不再將忍耐視為必要了。不分晝夜地跑業務、沒有達到目標業績不能回公司等，過去，面對這些職權霸凌，即便覺得不合理或滿腔怨言，也必須默默忍耐，因為這就是工作。但是這樣的年代，如今已漸漸消失了。

這樣的改變，不單純是社會潮流所引起的轉變，反而是受到社會基礎結構變化，所帶來的強烈影響所致。

◉只要有實力，就能擺脫討厭的職場或同事，獨立工作

現今這個時代，很多人都是靠在部落格或電子雜誌上寫文章為生，也可以將自己的插畫、攝影或動畫等作品，上傳到網路上販售。

公開發表及販售自己的商品或服務，也同樣變得非常簡單，例如，在雅虎搜尋網站上開網路商店，完全不需要任何費用，只要利用線上付款機制，任何人都能做起會員制

的生意。或是透過家教網之類的仲介網站，任何人都能當「老師」做起教學生意。

大企業也開始積極增加與個人之間的生意往來，就連創立有限公司，也只要準備二十五萬日圓就能辦到。

隨著社群網站的普及，就算不雇用任何員工，你也可以邀請世界各地的專家來組成團隊，完成一件重大的工作。

社會上有共同工作室或辦公室出租，要找到工作場所並不困難，工作上也有各種雲端服務可供利用。藉由這些，以極低的成本來運作一家公司，不再是不可能的事。

當然，這個年代也是個若無法提供附加價值，便無法在市場上生存的嚴厲時代。不過在這個時代，你可以只做自己真正有興趣的事，而不必再做不想做的工作，或與不喜歡的人共事。

◉只有無法接受挑戰的人，才會強迫自己忍耐

如果你覺得自己現在對某件事「正在忍耐」，不妨想想忍耐是否真的有意義？忍耐

對自己真的有很大的好處嗎？真的會有明亮的未來嗎？

如果思考後覺得「忍耐對自己沒有好處」，就為自己負責，爽快地捨棄忍耐的作法吧。說得極端一點，就算是剛到新公司工作才一個星期，也最好辭掉。因為不管做任何事，最重要的都是「對自己有沒有意義」。

當然，社會上每個人的想法和價值觀不盡相同，工作上也因為牽涉到客戶和談判，很多事情都無法照自己的意思進行，有時候不得不配合對方、放棄自己的主張。這些狀況，就算是自己創業也一樣會面臨到。

不過，這種狀況並不是忍耐，而是為了讓工作能夠順利進行的一種解決方法，一種有意義的妥協。和「忍耐」不合理的事，意義不同。

就算我這麼說，或許還是有人會反駁：

「不可以輕易放棄。」

「太放縱只會讓沒有耐性的年輕人愈來愈多。」

「如果大家都只想照自己喜歡的方式生活，這個社會就毀了。」

「工作做不好的傢伙，換到哪間公司都一樣。」

如果有人這麼說，不妨先確認一下對方是什麼樣的人。大多時候，會說這種話的人，不是自己沒換過公司，就是他認識的人轉換跑道後工作都不順利，因此只看到事情的這一面。

不曾面對挑戰的人，或是沒有勇氣改變自己所處環境的人，愈會合理化自己的生活方式，並反對不同於自己人生觀的意見。

接下來的時代，「絕對不能放棄的事情」會愈來愈少，整個大環境也變得只要有心要做，什麼都做得到。至於「做不到的事」，也一定有解決辦法。

只要善用這樣的環境，需要忍耐的情況就能不斷地減少，而一旦完全捨棄忍耐，就能過著更自由快樂的生活。

畢竟，如果是為了忍耐而對生活感到無趣，這樣的日子也只是浪費人生罷了。

29

捨棄二元論

無法捨棄的人

不再思考。

成功捨棄的人

對於自我判斷抱有根據和信心。

我曾經在演講時說過：「紅燈時可以走，沒關係。」臺下聽到的人無不為這樣的發言感到驚訝。

根據日本道路交通管理法第七條規定，「行人必須遵守交通號誌」。不過，道路交通管理法的目的就如同第一條所言，是為了「防止危險發生」、「達到交通安全與順暢」、「防止因交通引起的障礙」。

也就是說，只要不會妨礙道路安全和造成交通秩序混亂，並非一定不能穿越紅燈。例如，眼前的交通號誌雖然是紅燈，但左右兩邊完全沒有任何來車。

過去，我曾經在網路專欄上提出這樣的論點，結果引來「歪理」、「教唆犯法」等批評聲浪。

我之所以會這麼主張，本意其實如下。

如果無法理解事情的本質，例如「為什麼要有這條規定或法律」，就會變成為了遵守規定而遵守。如此一來，有可能被制定規則的人所利用，而讓自己陷入不利的條件或立場中。員工守則就是很典型的例子，內容完全是對企業有利。

然而，規定通常都是根據一般狀況所制定，有些難免與現實狀況不符，例如，隨著技術的進步與時代的變化，以前所定下的規定已經不再適用於現實狀況，甚至有時會成為革新與創新的絆腳石。

正因為如此，不能只是盲目地遵守規定，必須針對規定的「本質」仔細思考，必要時還得提出質疑，甚至破除規定。

基於這樣的本意，我才會提出「紅燈時可以走」這個大家都容易理解的例子。我這麼做的目的，當然不是在教唆犯法，這只是批評者曲解了我的意思、極端的說法罷了。

這些人之所以會有這些激烈的反應，是因為在他們心中，判斷的標準永遠只有「善與惡」、「黑與白」、「贊成與反對」之分。

這種極端的二元論，在你我生活周遭隨處可見。

例如，「反對郵政民營化的人全都是抵抗份子」、「不可以讓孩子接觸色情網站」、「《赤腳阿源》[1]不應該放進學校圖書館裡」、「新興宗教團體都是不好的」、「要選擇全球化的思考」……等。

在現實生活中，比起能夠二元論地清楚區分黑或白，大多情況都處於無法判斷是黑是白的灰色地帶。

特別是在工作上，很多時候都不是A或B哪一個好，而是綜合A和B兩者好的部分，並將交涉過程、解決方法和雙方主張等一併納入考量，最後歸納出大家都能妥協接受的第三種方案。

◉二元論的態度證明你已停止思考

當事情處於灰色地帶，就表示得要靠自己想出方法或發揮想像力來推測狀況。這時，必須將感情因素排除在外，以自我價值觀做為判斷依據，從客觀的角度去思考。然而，這一切都非常麻煩。

於是，到頭來，就有人會不顧他人的意見，光憑自己的感覺就妄下結論，做出極端的言論。也就是說，以二元論評斷事情的人，其實根本沒有在思考。

1《赤腳阿源》：原書名《はだしのゲン》，以反核為題的漫畫，作者為中澤啟治。——譯者注

我寫過幾本有關投資和金錢使用方法的書，經常被他人批評：「為了錢，什麼都可以做嗎？」

說出這種話的人，或許是因為不想承認自己賺不了錢，因此邏輯上認為：「賺錢的行為跟犯法或騙人一樣」→「我不想成為那種人」→「所以反對你的意見」，以此來自我安慰。

不過，就算想藉由騙人來得到金錢，在現今這個時代，這種行為一下子就會在網路上或口耳相傳下傳開來，沒多久就行不通了，有時甚至還會被相關政府機構揭發，如此一來就只是笨蛋而已。

賺錢的本質應該是獲得客戶的感謝，而金錢則是對方表達感謝的一種方式。感謝的心情會使得對方再次和你交易，你就能因此獲得持續性的工作，以及不斷往上增加的單價和數量，最後你的獲利也會跟著變多。

以結論來說，輕易就妄下批評的人，根本就沒想到賺錢其實是在為他人提供自我價值。換言之，這些人的思考都很膚淺。

◉避免二元論，讓思慮更深入、選擇更多樣

只要能避免陷入二元論的念頭，機會和選擇就會變得更多。

以「投資房地產」為例，很多人一聽，下意識就覺得一定「有風險」。但事實上，投資房地產本身並不一定是安全或危險，只是有人以安全的方法來做，有人以具風險的方法來做，如此而已。這些都可以說是行為或現象。

因此，知道「如何以安全的方法賺到錢」的人，就可以從投資房地產中，發現獲得不勞所得的機會。而當他的房租收入愈來愈多時，即使辭掉工作也能維持生活，這時，生活方式的選擇也會跟著變多。

不過，如果是一開始就認為投資房地產「有風險」的人，就算眼前有再好的物件或方法，他也會平白讓機會從手中溜走。

◉先聽取反對意見再思考

那麼，要怎麼做才不會陷入二元論的迷思中，而以多重角度來思考事物呢？

首先，在想法上要隨時保持「事物通常都有許多不同角度」的心態。這時，可以試著聽取與自己意見相左的主張，將有助於自己保持多樣化的比較觀點。

舉例來說，如果你認為全身健康檢查對健康有所幫助，就聽聽主張「對健康沒有任何意義」的人之說法。又例如，假使你認為孩子的早期教育有其必要性，就去閱讀主張「沒有必要」的書籍。

吸取了正反兩面的論點之後，再進行思考，讓自己的意見有所根據。一旦自己的想法或意見，被指出有風險或缺失，就進一步想辦法迴避或解決。如此反覆進行之下，就能學會多重角度的深入思考能力。

這種思考能力將有助於你日後做出合理的判斷，也會讓你擁有接受後果的自我負責能力。

第六部

軟弱的心靈

30 捨棄嫉妒心

無法捨棄的人

想像力變得貧乏。

成功捨棄的人

可以從任何人身上學習到新知。

只要有人成功，就一定會有其他人說：「他一定是靠詐欺之類的手法才會成功的。」或是「過不了多久就不行了啦！」又例如，當同事或下屬先獲得晉升時，也會有人說：「他憑什麼？」、「公司真不會看人」等。

以客觀角度來看，都知道說這些話只會讓自己醜態盡出，但聽在當事人耳裡，難免會受到這些負面情緒的影響。會說出這種話的人意外地多，事實上，整個社會都已經充滿了嫉妒的負面能量了。

會嫉妒的人都有一個共通點。

首先，生性好強，卻沒有正面一決勝負的膽量。此外，沒有上進心，完全不想努力超越對方，但另一方面卻又不願意認輸，自尊心異常地高。

要說出排擠他人的話很簡單，也能因此相對提高自己的地位。只是說，只是寫，不必努力付出，也不用花費力氣，更不需要理智思考，輕輕鬆鬆就能發洩自己不平的情緒。這麼簡單的事，當然很多人會逃避正面挑戰而選擇嫉妒了。

嫉妒最大的問題在於，這種心態會讓自己喪失了向他人學習的機會。一旦有了嫉妒心，就無法仔細分析他人成功的要素，將損失一大機會。

◉網路新貴的賺錢模式

舉例來說，近來興起了一群被稱為「新新城族」[1]的人，他們賺錢的方式其實很簡單，會以免費的優惠來吸引客戶，藉此蒐集客戶名單（電子信箱），再將商品透過電子信箱進行販售，如此而已。

有時候，實際販售商品的網路機制稱為「聯盟行銷網」，[2]它們通常都有自己的電子雜誌、部落格或推特等，透過這些平臺將商品訊息散播出去，如果成功賣出，就能賺得手續費。當然，網路新貴也是聯盟行銷網的一環，也會販賣他人的商品。

這群人就如同新新城「族」的名號般，形成一個非常堅固的網絡，彼此間互相聯合，在同一個時期一起推出同樣的商品，一口氣將商品遍及整個市場，藉此炒熱買氣，以達到迅速銷售的目的。

這種作法，其實是很傳統的行銷手法。

以免費優惠來換取顧客名單，這種作法有很多業界都在使用，例如，「登錄資料就有機會抽中贈品」、「來信申請即可獲得試用包」等，這些大家都熟悉的大公司促銷活動，其實就和新新城族的作法完全相同。

至於協助販售以賺取手續費的聯盟行銷網，其實就是所謂的代理商。例如，大家都知道的「保險媽媽」[3]也是一種代理商，她們代替保險公司來推銷保險，再從中收取手續費，道理是一樣的。

大家同時間一起賣同樣的商品，一口氣炒出商品知名度的作法，跟舉行特賣會是一樣的，甚至把整節電車車廂包下來做廣告的車體廣告，也是其中一種方法。

新新城族所採取的賺錢模式，只是結合了一般企業都會做的各種行銷手法，把它放到網路上去進行而已。

1新新城族：過去喧騰一時的網路新貴堀江貴文等，大多住在六本木新城，被稱為「六本木新城族」，後來漸漸消聲匿跡，但最近日本卻又出現了一群新的網路新貴，稱為「新新城族」，其中又以與澤翼為最顯著的代表人物。——譯者注

2聯盟行銷網：幫助廠商行銷及販售商品的一種網路機制，當廠商成功賣出商品後再從中抽取傭金。——譯者注

3保險媽媽：以前日本的家庭主婦會兼差替保險公司推銷保險，因此大家都稱這群人為「保險媽媽」。——譯者注

只要像這樣把他們的手法一一分解研究，一定可以找到許多適合自己的點子。

只會一味批評的人，就等於放棄學習他人成功經驗的機會。像這樣嫉妒的心態，其實是使人們學習能力低落的一種情緒。

◉嫉妒會使想像力變弱

嫉妒也會讓人的想像力變弱。

想必很多人都會同意「對有錢人要多課一點稅」吧，不過，當我們在看電視娛樂、睡覺休息或喝酒享樂時，這些有錢人都還在努力工作，就是這份努力所換來的成果，讓他成了有錢人。

只要能對這些背後的因果關係稍作想像，就會知道「對有錢人要多課一點稅」的主張，是多麼自私的想法。

或許是因為一旦承認「異於常人的努力才造就了他的成功」，就等於是默認了自己的無能和努力不足，有損自尊心，所以才會拒絕去想像及揣測他人成功的背後因素。

藉由貶低對方來發洩自己心裡的不平衡，裝出一副「不屑一顧」的默視態度，其實都只是剝奪了自己發展想像力的機會罷了。一旦這麼做，就會使得原本應該屬於正面資產的大腦頓時成了負債。

◉捨棄嫉妒心的方法

雖然這麼說，但我也經常受到嫉妒心的影響。

做房地產生意的我，每當聽到朋友公司「賣出○億日圓的物件」，就會感到在意。在保險生意方面，對「某某某成為ＴＯＴ會員」（TOT, Top of the Table，頂尖百萬圓桌會員，頂尖保險業務員的基本門檻，年收入七千萬日圓以上）之類的消息，也會變得特別敏感。

我也有涉獵外匯投資，聽到知名投資客「這個月獲利○千萬日圓」，就會恨得牙癢癢的。在舉行講座方面，對於「某某某辦了一場每人入場費十五萬日圓的講座，最後有一百人來報名」之類的消息，我總是會坐立難安。

甚至是寫書，只要聽到認識的作者朋友出了一本銷售好幾萬冊的暢銷書，我就會感到不甘心。

在現今這個時代，各種訊息隨時都在網路上瞬間傳來，不斷地顯露出自己的無能和挫敗。這種時候，倘若無法學會將嫉妒心轉換成正面能量的方法，很快就會被嫉妒的情緒給擊倒。

以下介紹我的幾個思考習慣，可以幫助大家捨棄無益的嫉妒心，轉換成向前邁進的正面能量。

① 默視對方的人格，只把注意力放在他成功的過程上

以前述的新新城族為例，有很多人都是年紀輕輕就成功賺大錢了，因此有些人會覺得他們的發言過於「自大傲慢」。不過，正因為像這樣只把焦點放在對方的人格表現上，才會看不順眼就生氣、無法接受。

然而，如果把焦點放在對自己成長有利的部分，其實對方的人格如何，一點關係也沒有。

他們溫和也好，蠻橫也好，甚至是老實或傲慢都無所謂，對自己一點影響都沒有。再說，就算要模仿對方的個性，也不可能辦得到。

因此，完全不需要在意人格問題，只要專注在他們成功的過程上，從中找出值得參考的部分就可以了。

②坦誠表現悔恨的心情

悔恨和嫉妒看似相同，其實是完全不一樣的兩種情緒。

嫉妒不會讓自己有任何行動上的改變，但是悔恨會讓自己覺得「我只是努力不如他罷了」、「我一定要更努力才能贏過他」等，這樣的心情將成為提升鬥志的動力。

先承認自己不如他人，接著透過仔細分析對方成功的原因，找到自己應該努力的要素，並以此為目標來採取行動。如此一來，就能將嫉妒心轉換為成長的原動力。

31

捨棄依賴

無法捨棄的人

永遠只能配合他人。

成功捨棄的人

掌握自己的人生方向。

在人際關係中，之所以會有不愉快、不公平、抱怨等情緒產生，最大的問題都是因為自己太依賴他人。前陣子，我到菲律賓住三個月，發生了一件事。

當時，我在某家日系企業幫忙，該企業中有兩名日本女實習員。其中二十幾歲的A和公司約定好，先在這邊實習，等到她回國後就獨立創業，專門接受該企業的訂單。

但後來，雙方談好的承包計畫遇到變數而取消了，A因此感到非常困擾，不知道自己為何要來菲律賓為創業做準備，整個人六神無主，不知如何是好。

她對最後結果和當初雙方談的不一樣而感到氣憤，但也無濟無事。最後，她只好放棄創業的念頭。

另一個女實習員則是接受了某投資客的贊助投資，並透過該投資客的介紹，來到這裡擔任實習員的工作。

後來，那名投資客突然表示「無法出資了」，使得她同樣不知所措，迷失了未來的方向。

這兩個人的共同問題，在於都把自己的將來依賴在他人身上，如此一來，對方一旦消失，自己的將來就跟著消失了。這也意味著自己的人生受到他人的決定而左右。

上班族也有同樣的問題，如果太依賴公司，將來萬一面臨被解雇或公司倒閉，就會變得不知所措。

◉「依賴他人↓將失敗怪罪於他人↓心生不滿」的惡性循環

依賴心強的人的特質，可以用一句「都是別人的錯」來形容。

找不到工作是學校的錯；工作不順利是上司的錯；孩子任性是另一半的錯；退休金縮水是政府的錯；賺不到錢是公司的錯。

無論任何事，都把錯怪罪到別人身上，這麼做或許很輕鬆，但這等於是把自己的狀況交由他人來掌控。

這種心態和「在背後說他人壞話」很像，這類型的人因為自己想不出方法，一旦事情不如己意，就會立刻心生不滿，感到憤怒。

依賴政府的人，會對政府亂花國民的納稅錢而感到氣憤；遇到災害時，若政府反應太慢，也會生氣。依賴公司的人，一旦獎金變少，就會惱怒；若被解雇，就會憤憤不平。依賴上司或下屬的人，當工作進行狀況不如己意時就會生氣，若被反駁時也會心生怒氣。

◉一旦把所有事都視為自我的責任，大腦將會全力啟動

他人一定不可能照你的想法去行動，因此前提就是不要依賴他人，而是靠自己去開創，做每一個判斷和決定。這才是最重要的關鍵。

除此之外，要把所有事情都視為「自我責任」、「自己的屁股自己擦」，以這種心態去面對並採取行動。如此一來，就會全力啟動大腦，針對危機對策和解決問題的方法，去研究思考，做好事前準備。

如果可以捨棄對政府的依賴，為了預防年金縮減，得事先存好個人年金或確定提撥制退休金，並搬到自然災害較少的地區居住。

如果可以捨棄對公司的依賴，就會先假想萬一自己無法繼續待在公司時的狀況，而為了日後的轉職來磨練自我的能力。

在工作上，也能毅然地將所有事情都視為「自己的責任」或「最後由我來承擔責任」，這樣的人才有辦法獲得真正的自由。

到頭來，把一切都怪罪他人的人，是最軟弱的，而將一切都視為自己的責任，才是最厲害的人。

◉負責任能為自己帶來最強的立場

要獲得這個最強的地位，方法很簡單，就是自己思考，自己判斷，最後的結果也要自己承擔。

會依賴的人都是不思考的人，放棄自己思考，也放棄自己下判斷，所以不得不順從他人的發言，依賴著對方。

這樣的人因為沒有替將來做任何假設預想，也不思考有狀況發生時要如何應對，因此一旦發生問題，就只能責怪他人。

就算聽他人的話，也只能做為參考，還是要靠自己蒐集各種訊息情報，針對好處和壞處進行分析及判斷，並思考怎麼做才能避開風險，以及當風險真正發生時，又該如何應對。

經過思考判斷後，知道迴避風險的方法，或風險發生時自己能夠承擔，或是好處會大於壞處，再斷然做決定。

舉一個很淺顯的例子，我把家裡的照明設備全換成了ＬＥＤ燈，也換了一臺超節能省電的最新型冰箱，並裝置太陽能設備，用來提供咖啡機跟電腦、手機的電力。

後來，當我家的電費因此減到只剩過去的三分之一時，我對電力公司的任何政策都毫不在意了。

有些人遭遇投資詐欺，都是因為被欲望沖昏了頭，而將金錢的掌控權交到他人手上所導致。為了避免發生這種狀況，自己的錢必須自己掌握。我也不再把錢拿來投資任何人，或交給任何人去運用了。一些無法直接投資的新興市場，就只能靠投資信託來交易，但基本上都是我自己直接操盤。

只要減少讓他人行為來左右自己生活的狀況，情緒也會漸漸不受影響。

32

捨棄「符合自我能力」的心態

無法捨棄的人

在時代和環境變化下，被拋棄在後。

成功捨棄的人

突破現有能力的極限。

「符合自我能力」的想法，是阻礙成長的主要因素，因為這種想法等於是以自己的判斷，來擅自為自己的能力劃下界限，逃避接受挑戰。

「這對我的能力來說負荷太重了。」

「我的能力只適合做這樣的規模。」

這樣的自我判斷真的正確嗎？會不會只是拿以前為自己定下的極限，來看待如今已經有了好幾年成長的自己？無視於自己的成長，還是用過去同樣的能力來衡量自己？

雖然這麼說，想法較保守的人還是會有所顧忌。對於這類型的人，以下的方法將可以幫助你拋開自我設限的想法。

① 捨棄弱點

一旦覺得沒有自信或認為自己有什麼缺點，就會變得裹足不前。然而，自己覺得是缺點或弱點的部分，一定可以轉化成為優點。

例如，我不太愛說話，公司員工也曾針對這點向我反應：「不知道老闆你到底在想什麼。」我認為這是我的缺點。

不過，有一次，有個客戶跟我說：「話太多的人根本不能信任，像你這樣講話只講重點、沒有廢話的人，才值得信賴。」

雖然他這麼說，我仍然半信半疑，沒有放在心上。就在這時，我讀到一篇有關某專業女棋士的採訪報導，頓時恍然大悟。

這位女棋士覺得自己「很可愛」，因此想進入演藝圈發展。不過，像自己這般樣貌程度的藝人比比皆是，因此可以想像到，就算自己進了演藝圈，也不會有多好的發展。於是她開始思考，自己的美貌在哪個領域可以成為優勢。這時候，她想到的是圍棋。女棋士本來就比較少，因此年輕女性會特別受到注目，若再加上頗有姿色，應該會獲得不少人氣和讚美。

讀到這裡，我終於同意了當初客戶說的那段話。

「話不多」對管理員工來說，雖然是個缺點，但面對客戶做簡報時，卻成了我的優勢。也就是說，只要改變立場，缺點也能變成優點。

小時候，為了長得太高而煩惱的女生，長大後在競爭舞臺劇女演員時，身高反而讓她在眾多競爭者中顯得凸出。雖然認為三流大學的學歷是自己在競爭上的弱點，但因為過去的經驗，讓自己很清楚準備大學考試時的盲點在哪裡，因此對於偏差值三十以下的學生來說，反而可以成為一個非常有幫助的家庭教師。像這樣的例子不勝枚舉。

如果覺得「自己無法發揮」，感到有志難伸而煩惱時，不妨試著找找看「自己的缺點在哪些地方會獲得重視」。

②捨棄自己的優勢

相反的，也可以試著捨棄自己的優點，把自己擅長的部分、做得比別人好的部分、有自信的部分，全都拋開。

如果都只著眼在自己的優勢上，可能一輩子都不會去挑戰自己或許可以有所發揮的其他領域。

我擅長的部分是投資房地產和外匯，相對的，一直以來都避開投資信託這部分，因為除了成本較高之外，投資信託也無法以少額的投資獲得極大利益，基本上只有景氣好時才有可能獲利。

然而，二〇一三年五月，安倍經濟學瓦解，新興市場貨幣暴跌，藉著這個時機點，我開始試著挑戰把錢投入投資信託中。一年後，我將投資重心放在月配息型的投信上，一年可以獲利百分之二十以上。

雖然將來會怎樣不知道，但我至少清楚這部分的投資意外地可以獲得穩健的獲利，這份經驗也能用來做為出書或演講的題材。

我並非要自吹自擂，而是要告訴大家，我藉由捨棄自己擅長的部分，轉而挑戰自認為陌生的事物，因此讓我發現了新領域。假使我一直保守執著於房地產或外匯投資，將無法獲得這樣的收穫。

◉只要捨棄，就能從自己身上發現新的能力

從因應時代和環境變遷的角度來看，拋棄固有的優勢、挑戰新領域，才是掌握生存關鍵的唯一方法。

從個人的角度來說，在工作上轉換跑道或改變職位，就屬於這種情況。

雖然說起來容易，但對於一般人而言，要捨棄自己一直以來的行業或職位，都需要

一定的勇氣。一旦轉換跑道，以前所累積下來的知識、經驗和人脈等，都可能喪失了原本的價值，無法再利用。這麼一想，其實很嚇人。更別說一切從零開始也會讓人覺得「很麻煩」。

不過，只要認真去做，以前的經驗一定可以派上用場，因為無論是哪個領域，進步和成功的因素大多相同。

當藝人轉行做主持人時，之前當藝人時的說話技巧及「看臉色」的能力，還是可以活用在主持工作上。之前從事高級轎車銷售員做得有聲有色的人，一定也適合賣房子或保險業務。

以我的例子來說，除了外匯和房地產之外，我也會用同樣的一套邏輯方法來做其他投資。如果是像房地產一樣投資報酬率又高又穩定的商品，不管市價如何，一定會賺錢。任何東西只要像外匯一樣買在低點、高點賣出，就能賺到錢。這些道理無論放在任何投資標的物上都一樣適用。

◉不要把「才能」當藉口

有些人在劃定自己的能力或選擇放棄時，會使用「才能」這個說法。

例如，「我沒有那種才能」或「因為那個人是天才」等。

不過，事實上，我認為這些人並不是沒有才能，而是幾乎都誤解了自己的才能可以發揮在哪些地方，或是根本就不懂得如何磨練自己的才能。

這意思當然不是要大家快去「探索自我」，或立刻放棄現在的目標，往下一步前進，而是**希望大家對於一些明明不適合自己卻期望能達成的目標，或是在努力還沒達到一定程度時，都不要以「才能」做為放棄的理由**。

想瞭解自己天生的能力適合做什麼、能夠在哪些領域上有所發揮，的確不是一件容易的事。

正因為如此，大家不妨把對才能的定義，從「天賦之才」的想法，轉換成「面對目標時，自己能盡到的最大努力」。

夢想不會背叛你，會背叛你的只有你自己。只有你才會逃避接受挑戰，以「這不適合我的能力」一句話輕易放棄。在追求夢想的過程，就是與害怕碰壁、害怕辛苦、害怕麻煩而想逃避的自己之間的一場決鬥。

33 捨棄自卑感

無法捨棄的人

想法變得消極。

成功捨棄的人

把自卑處變成賺錢的金雞母。

面對自卑的心態，如果方法用得不對，很有可能會錯看自己的潛力。

覺得「反正自己就是……」而變得卑微。

覺得「大家一定會認為我……」而提不起勁。

覺得「反正那傢伙……」而變得妒嫉他人。

在這裡，我想教大家如何「把自卑變成武器」。

老實說，我就是自卑感很重的人。雖然很多人都覺得我身價好幾億，又寫了這麼多本書，是很成功的人，但這些都只是表象。其實我內心充滿了自卑，甚至感到不安。

◉自卑感就是財富

不過，一直到了最近，我慢慢覺得自卑感其實是一種很大的財富。

舉例來說，我在二〇〇七年開創了我的另一個事業——聲音訓練課程「Business Voice」，生意非常好。不過，這個事業的發想完全是出於我的自卑感。

我經常在研習會等各種場合上，在眾人面前說話，但我一直有個困擾，就是我很容易說沒幾句話就喉嚨沙啞，舌頭打結，說話不清楚。

我一直在想辦法改善這個問題，當時坊間有許多針對「歌唱」所進行的聲音訓練課程，但提供「改善說話聲音」相關課程的學校卻只有兩處。我報名了其中較具規模的一家，上了兩個月的課程，狀況卻完全沒有改善。

當時，在一個偶然的機會下，我遇到音樂家秋竹朋子小姐，跟她聊起這個問題，她教了我一些簡單的方法，當場我的狀況就有了極大的改善。

於是，我邀請她跟我一同創業，因為我認為和我同樣有這方面聲音困擾的人一定不少。果然，就和我想的一樣，不只是大人，就連小孩也有這方面的困擾。於是，造就了我們聲音訓練課程「Business Voice」如今的盛況。

順道一提，這位音樂家如今也成了我的妻子。

◉所有自卑感都能開創出一片市場

除了聲音上的困擾之外，由於我在學生時代曾有過一段非常貧窮的日子，因此對金錢也有自卑感，很希望能不靠辛勞就賺到錢。

於是我開始投資，累積資產，也成立了投資相關的電子雜誌。後來，有出版人看到我的電子雜誌，問我想不想把內容集結成書出版，這也成了我廣泛發表金錢相關訊息的契機。

我對自己不會說英文也有很強烈的自悲感，就算我有美國執業會計師的資格，也曾在外商公司工作了四年，還是沒有因此就變得英文非常流利。我聽得懂，卻說不出來。

我想改變這樣的自己，於是在四十二歲那年，我終於報名了菲律賓宿霧島的英語學校。剛開始的第一個星期過得非常辛苦，不過後來慢慢習慣，才過了一個月，我就已經有自信說英文了。

如今，我成了宿霧該所英語學校的留學代辦商，因為我想讓更多人體會我當時的體驗，以及可以用英文和不同國家的人交談的感動。

我周遭也有很多人跟我一樣，把自己的自卑感轉換成事業。

例如，自己有肌膚乾燥的困擾，於是做起了美容事業；曾為了孩子的異位性皮膚炎而苦，後來開了網路商店，賣起這方面的相關產品；過去工作時業績總是吊車尾，於是做起了業務顧問的事業；想結婚卻找不到對象，最後開了婚友社；曾為離婚所苦，後來成了離婚諮商師。

換言之，「任何自卑感都能開創出一片市場」。假髮也好，生髮也好，減重也好，整形也好，甚至是英語會話能力或未婚聯誼活動等，全都是由自卑感所衍生出來的生意。就如同大家所知的，這些全都是商機非常大的市場。

◉愈「敏感的人」，愈會為自卑感所苦

「把自卑處轉換為生意」的作法，對許多人來說或許會覺得不切實際，不過對我而言，無法轉換成生意並用來賺錢的自卑感，完全可以不用放在心上。

因為我發現，到頭來「只有當事人會對自己感到自卑」，其他人根本毫不在意。

就算跟朋友說，覺得自己最近變胖了。朋友的回答也只是：「啊，你這麼說好像是吧！」跟朋友說，最近自己的白頭髮變多了，朋友只會告訴你：「過了四十歲，當然會有白頭髮。」

其他人根本不像你所想的那麼仔細地在觀察你，更沒有興趣這麼做。甚至聽我說了這麼多關於我的自卑感，你一定也只是聽聽而已，一點都不放在心上吧。

關於自卑所帶來的煩惱，很多都只是源自於「他人一定會覺得我……」的單方面想法，但事實上完全不是如此。

也就是說，明明沒有任何人在意，自己卻在自尋煩惱。坦白說，就是「自我意識過剩」，或是「自以為是的傢伙」。

想要隱藏自卑處的心態，會讓自己變得卑微，但如果將之表現於外，就有可能成為一種個人特色。所有事物都是表裡一致，因此自認為是弱點的部分，也能變成優點。

只要這麼想，一定就能充滿力量，捨棄自卑，勇敢向前了。

34

捨棄擔心

無法捨棄的人

浪費無謂的時間和力氣。

成功捨棄的人

找到真正該做的事。

你現在對什麼感到不安？金錢、工作、結婚、生孩子、老後的生活規畫？或者也有可能是下個星期的生意或結婚典禮上的演講。

然而，就算在意這些，大多都毫無意義。畢竟這些都是還沒發生的事，沒有人知道會變得怎樣。擔心還沒發生的事，充其量不過是在妄想，只會耗費時間和力氣，完全不會讓自己得到任何向前的動力。

只有解決問題的具體行動，才有辦法消除不安。

為了簡報能否順利進行而感到擔心時，只有不斷練習，才有辦法消除心中的不安。例如，確實將所有資料備齊，事先設想好會被問到的問題，並做好回答的準備。在同事和上司面前，先實際彩排一遍，接受大家的改善建議。把彩排的過程錄影下來，從中發現自己不好的習慣並加以修正。不斷練習說話時保持笑容，以及可以吸引大家目光的姿態和手勢。

藉由這些練習，才有辦法果斷地說服自己「已經做這麼多準備了，所以不怕」，才能將不安的心理狀態轉變成自信。

不過，如果找不到具體方法，就表示不安依舊會存在。只是莫名地感到不安，事實上卻不清楚自己到底為什麼不安，因此也找不到消除不安的方法，心裡的不安當然就不可能消失。

因此，面對不安的狀態時，一定要先找出引起不安的具體因素，把抽象的心理狀態轉換成具體的事物。

◉將不安化為具體的「課題」

舉例來說，「老後的不安」指的到底是什麼？是金錢、健康，還是孤獨？

如果不安來自於金錢，可以先到年金諮詢中心做年金給付試算，對照自己設定的生活水準，計算出差額，瞭解自己必須提前準備到何種程度。

而針對準備的方法，有確定提撥制退休金、個人年金或老年保險等負擔較輕的選擇，或者也可以現在就開始試著準備副業，好讓自己退休後還能繼續工作。

如果擔心老後的健康問題，現在就要開始注意飲食和生活習慣，讓自己變得不容易生病，並且選擇一個壓力不會太大的生活環境。如果擔心老後會孤單，可以先想好方法讓自己以後不會只有一個人，例如生孩子或結交興趣相同的朋友等。

只要像這樣確定了具體行動，不安就會從抽象的心理狀態轉變成具體的「課題」。接下來，只要找到解決課題的方法，一一去實行，就算無法完全消除擔心，也應該會安心許多了。

◉決定優先順序後，就會發現許多不必要的擔心

每當找出不安的真正因素之後，就會發現有些擔心其實是來自於周遭人的煽動，並非自己真正的不安。

例如，假使真的擔心自己結不了婚，就必須思考該怎麼做才能結婚，參加未婚聯誼活動也好，或是找出以往戀愛失敗的原因等，再一一去實行。

如果只是擔心，卻還是整天不出門，生活範圍只有公司和家裡，這時就會知道自己並非真心想結婚，因此煩惱這件事也沒有意義。

如果害怕地震，可以買地震險、替房屋做好耐震措施，或是搬到地震較少的區域等

方法。

假使覺得這些方法「辦不到」，不妨思考一下為什麼覺得自己辦不到。如果是因為「還有工作，不可能搬家」或是「沒有錢做這些事」，就表示比起地震，自己更在乎工作或金錢，因此「擔心地震」就變得沒那麼重要了。

如果真的害怕地震，就算是得換工作或借錢，都會想盡辦法改變現狀，因為與危險比鄰而居，更讓人害怕擔心，畢竟活著才是一切。

就好比現在的狀況是「這個月之內，如果不搬到美國，全家就會被殺」，這時一定會馬上辭掉工作，賣掉房子，無論如何一定搬到美國住，甚至還會拚命學英文，在美國當地找工作。

因此，「知道卻不能做或不做」的事，就表示比較沒那麼擔心，對於這類型的事，就算煩惱也只是白費心力而已，根本就可以直接忽視，不去想它。

如此一來，人生就能減少很多浪費時間的空煩惱和不安的心理狀態了。

35

捨棄正義感

無法捨棄的人

成為眼光狹隘的頑固之人。

成功捨棄的人

找到多元的解決對策。

很多人都覺得有正義感的人都是對的，希望自己也能有強烈的正義感。但事實上，正義感愈強的人愈會受到周遭人的嫌惡，也很容易讓機會從自己手中溜走。

原因之一是，愈覺得自己的想法就是正義，就愈不想原諒他人的行為。這類型的人覺得和自己不同的價值觀或行為都是「錯的」，於是會加以責難，並試圖修正對方的行為。事實上，從某個層面來看，正義感不過是把自己的價值觀強加在他人身上罷了。

所以，如果有人對你說：「你很有正義感耶！」這時可別感到高興，反而應該覺得「糟糕了」才對。

換個角度來看，正義感強不過就是頑固的人，說難聽一點，就等於「無法忍受不同的價值觀，因而批評他人，甚至想改變他人的施壓者」。

◉血汗企業真的「可惡」嗎？

舉例來說，「黑心企業不可原諒」的想法，真的就是正義嗎？以厚生勞動省所公布的「過勞死底線」來看，加班時間最多「每個月八十個小時」，以一個月工作二十天來計算，等於平均一天加班四小時。

不過，這當然不是大家共通的標準，也有人加班還不到過勞死底線，身體就出狀況了，而像我過去待過的管理顧問界或銀行投資界等，也有人一個月加班超過兩百小時仍毫不在意。

在商場上，比起所花的時間，最後所產生的價值更為重要，因此對個人來說，可以成立的一個觀點是，即使是無給加班，卻能提升自我能力，以長期來看，將有可能成為一個能夠致富的人材。

更何況，草創期的新創公司幾乎都是血汗企業，除了社長以外的所有員工幾乎都不回家也不休假，大家都拚命地在工作。

如果在創業初期遵守準時下班的規定，真的有辦法在競爭激烈的市場中脫穎而出嗎？雖然法規規定加班必須多支付給員工基本薪資的四分之一，但還在創業投資期的公司，真的有能力做到嗎？

總之，非得盡力去找案子不可。再加上公司沒有錢，工作就只能由少數人來共同分擔。工作品質一旦下降，就會輸給其他競爭對手的公司，因此對客戶的工作品質絕對不能馬虎。要做的事堆得比山還要高，因此每個人都是廢寢忘食地拚命工作。

在這段過程中，有人得到成長，也有人辭職離去。有人落於人後，也有人活用經驗另起爐灶，自行創業。新創公司的存在，證明了一個國家經濟的活力。

放眼海外，無論是歐美人或亞洲人，所有國際級的菁英人士都以不可置信的拚命來面對工作。假使日本推崇的是相較之下較溫和的工作方式，將使得日本的國家競爭力產生壓倒性的落後，最後成為貧窮之國。也因為如此，一些瞭解實情的國際企業經營者，對日本的企業環境都抱著極大的隱憂。

從另一個角度來看，可以準時下班、沒有加班、待遇又好的這些所謂「幸福企業」，之所以能維持如此待遇的環境，全都是因為他們賣的是利潤較高的商品。換句話說，就是價格比較貴，甚至說難聽一點，就是不法暴利。

因此，以幸福企業為目標，就等於想進入會從顧客手中賺取不法暴利的公司工作。

再說下去雖然有點冗長，但考量到以上這些觀點，光靠工時長、無給加班、薪資低等這些表面的狀況，就斷定「這是血汗企業」或「一定要抵制這樣的公司」，對整體社會真的會有幫助嗎？

這只是單一例子，不過整體來看，正義感強的人都有可能太執著於自己的想法，最後使得看待事物的眼光變得愈來愈狹隘、短淺。

◉正義會因立場不同而改變

「正義」的定義會隨著時代、立場或環境的變遷而有所不同，因此要特別留意，千萬不能輕易地妄下判斷。

我曾聽過這樣的一件事。

有三個小孩在地鐵月臺上跑來跑去，不斷玩耍，一旁像是爸爸的男子卻一直低著頭，完全不顧身旁嘻鬧的小孩。

一旁看不下去的女子，小聲地在男子的耳邊對他說：「你的小孩這麼吵鬧，應該要注意一下才好，不然會對別人造成困擾的。」

這時，男子才恍然抬起頭，「對不起！我老婆剛剛在醫院去世了，我現在整個人一團亂，所以沒注意到。」

女子聽了，當場說不出話來，因為此時她對這對父子的看法，已經從之前「不負責任的爸爸跟任性吵鬧的小孩」，變成了「因老婆去世而不知所措的先生，跟不知道媽媽已經死去的可憐小孩」。

面對某個狀況，只會自以為是的憑自己的倫理觀來判斷而對人說三道四，這是多麼愚昧的一種行為。

換句話說，大家必須瞭解，對行為舉止異常或失言的人給予批評譴責，並非就叫作「正義」。

◉不必理會說不出所以然的人

針對如何尊重其他不同的價值觀，方法有兩個。第一個方法是一句非常有用的「咒語」——面對任何發言或行為，全部都以「原來如此」來應對。這麼說之後，大腦自然會開始思索對方言論的正確性。

舉例來說，你對行使集體自衛權持反對立場，因此無法接受政府最後同意行使的決議。這時，你要做的不是到首相官邸前參與示威抗議，而是試著先告訴自己：「原來如此！」

一旦這麼想，大腦便會開始思考主張贊成的正當性，例如，「原來如此！的確，如果依照現在的作法，最後只會變成就算看到自己的朋友被打，也會假裝沒看見」，或是「原來如此！如果要等到被擊落才能反擊，根本就無法保護飛行員或船員的性命」等，這時，就算還是無法贊成，也會理解政府為什麼要做這種決議。

另一個方法是針對「對方為什麼要這麼說」，找出背後的原因。

例如，假使有人說：「金錢也能買到愛情。」很多人對於這樣的言論，都會忍不住反駁：「不可能。」這時，要做的就是思考對方「說這句話的背景是什麼」，如果想不出原因，也可以試著上網查資料。

於是，你會發現，在一些新興國家中，真正受異性歡迎的都是有經濟能力的人，又或者在日本的婚介公司或未婚聯誼活動網站上，收到最多相親要求的，都是一些收入高的人。從這些狀況便能理解，還是有不少人都認為金錢是愛情的重要因素。

如果是在對話過程中，遇到無法理解的發言，可以直接問對方：「為什麼你會這麼認為？」雖然受家庭環境和經驗影響所形成的個人觀念，很難說明清楚，但能夠確實地將自己的觀念轉換成語言的人，通常其主張都具有相當的合理性。

還有另一種狀況是，因為被要求說明，當事人才回過來頭思考「對啊！為什麼我會這麼認為」，甚至最後也有可能會推翻自己的想法。

相反的，面對「反正很奇怪就對了」或「不行就是不行」等，這類無法合理說明的主張，由於其毫無根據，就不必多加理會。

既沒有依據，也沒有經過驗證，就表示這個人基本上對自己的發言根本不負責任，對於這樣的人，無論說再多或做再多都只是浪費，最好的方法就是不必理會了。

36

捨棄他人的「成功」標準

無法捨棄的人

受限於社會和他人的標準中。

成功捨棄的人

定義屬於自己的成功標準。

「成功」一詞，包含了「順利」、「賺錢」、「幸福」等意味，非常抽象，卻也非常好用，就連我在本書中也經常使用。

不過，很無奈的，我還是要建議大家最好捨棄「期待成功」的想法。說得更具體一點，就是「捨棄他人所訂下的成功標準」。

因為，收入、資產、知名度等，這類社會上大家經常用來判斷「成功」的標準，對個人而言都不過是構成成功的單一要素罷了。

◉成功者從來就不覺得自己「成功了」

一般被稱為「成功者」的人，大家所看見的成功都只是外在的表面部分，對這些人的內心其實一點都不瞭解。

我有個女性朋友，是非常成功的心理諮商師，在全國各地擁有十家心理諮商中心。不過，或許因為她是家裡主要的收入來源，年紀比她小的先生因此受不了沉重的外界眼光，最後選擇和她離婚分手了。

我的另一個朋友是傳承好幾代的食品老店接班人，擁有數十億的資產，卻被保留傳統與持續創新的雙重壓力，壓得喘不過氣來，只好不斷在尋找自我的講座和研習會中徘徊，試圖找到出口。

我的作者朋友中，有個暢銷作家，一直因為生不出孩子而苦惱。他擔心將來父母離開人世後，兄弟各有家庭，萬一另一半也去世了，自己就真的會變成孤獨一人了。

也有人說我很成功，但我自己完全不這麼認為。我一直對現在的狀況不知道能持續多久而感到不安，對於孩子的教育也不知道該怎麼做才適當。若是光比較收入和資產，比我優渥的大有人在，我並非富有到有餘裕可以一輩子玩樂度日。

◉定義自己的成功標準

金錢可以化成具體的數值，因此很容易就被用來做為基準，也很清楚易懂。不過到頭來，在現今社會中，幾乎看不到光靠金錢就擁有「成功」、得到幸福的單純人生。

事實上，當事人對於自己成功與否的定義，光從表面狀況是看不出來的，因此大家一定要特別小心，千萬不要對社會上或媒體所謂「追求成功」的誘餌輕易上鉤了。

「成功題材勵志書」、「賺錢情報資訊商品」、「成功講座研習營」、「成功必備道具或科技工具」之類的東西，大多只是浪費錢而已，因為這些都是依據他人標準下的成功所衍生出來的商品。

無論是投資或加盟，最後真正賺到錢的，都不是追隨潮流的人，而是那些主宰者或企業。

然而，如果為自己定義了「專屬自我的成功」，就能默默地專注在自己該做的事情上，而不會再羨慕或嫉妒他人，不會受誘惑而做起類似詐欺的買賣，也不會因為旁人的言論而感到焦慮。

那麼，該怎麼做才能找到專屬自己的成功標準呢？

其方法就是以自己可以接受的狀態、滿意而不會感到後悔、可以笑容以對、可以感受到充實感的事物，來做為基準。這個基準應該會因人而異，例如有人喜歡拚命工作時的自己，也有人覺得在生活中穿插工作與旅遊，更能感受到樂趣和起伏。

我對成功的定義則是「在生活中可以維持多久的笑容」、「可以得到多少感謝」、

「可以獲得多少成就感」、「能否樂在過程中」、「能否晚上心滿意足地入睡，早上充滿鬥志地起床」。

相反的，我對累積資產一點興趣也沒有，反而覺得錢就是要用來花才會開心，因此完全不會以「存到多少億日圓」之類的資產多寡來定義成功。

比起積蓄，我更在意的是資金源源不絕地流動，因此身負「幾億資產」對我來說一點都不重要，我反而比較希望增加年收入。

你的成功標準一定也和我的不一樣吧，這樣一點都沒關係，不必在意。

37

捨棄反省

無法捨棄的人

過度矮化自己，導致無法發揮。

成功捨棄的人

慢慢累積教訓和經驗。

上。

「反省」有個陷阱，會讓人在反省的過程中，完全專注在「自己很無能」的念頭上。

例如，「注意力渙散，成不了事」或「溝通能力不好，無法成功」等，像這樣苛責自己，只會讓心情變得更沮喪而已。

一旦自我否定的念頭愈來愈強大，就會為自己設下限制，例如「反正我一定做不到」等，開始為自己尋找「不必嘗試的合理藉口」。

怪罪他人不會讓自己有任何成長，但自我苛責也很難讓自己產生向前的動力。除此之外，假使日後又遭遇相同狀況，可能會感到更害怕、更想逃避，即使自己已經有能力可以克服問題了，也會覺得「算了，以前已經失敗過了，這次更不可能會成功」，因而平白讓機會溜走。

◉以「分析」狀況、思索「對策」，來取代反省

因此，大家應該做的是捨棄「反省」，取而代之地必須要「分析」狀況，思考「對

策」。

不是單純地反省「都是我的錯」、「是我不好」就好，而是應該要進一步去分析「事情發生的原因」，並思考「下一次該怎麼做才行」。念頭這麼一轉換，沮喪的心情就會減到最低，也能產生面對「下一次挑戰」的鬥志了。

在許多成功者身上，都能看到一個共通的思考邏輯——對於發生的事本身不必在意，只要記住從中獲得的教訓就好。

這麼做的用處是，因為已經忘了自己曾經失敗，因此面對下一次挑戰時就不會膽怯。但由於記得之前失敗所得到的教訓，於是再次面對挑戰時，就能做出更適當的判斷和行動。

我雖然不是成功者，但之所以可以樂觀積極地面對任何挑戰，就是因為我有這樣的思考習慣。

我對過去發生的事一點興趣也沒有，當下就會忘記。小時候的事，我現在完全不記得了，就連二十幾歲的記憶也都只剩下片段。

不過，對於怎麼做可能會招致失敗，或什麼情況下該怎麼做才行等，我卻記得一清二楚，而這些記憶後來也成為我在面對狀況時瞬間行動的判斷基準。

對於過去兩次經營公司失敗的經驗，或是投資虧損好幾千萬的經驗，我既不後悔也沒有因此自責，只是深切記住了過程中所得到的「教訓」，例如「那時候的判斷錯了」、「下一次應該這麼做」等。

◉任何人都能學會「經營者的直覺」

我也會主辦講座或各種活動，因此早就知道募集客源是多麼困難的一件事，甚至還曾經發生過租借了可容納一百人的活動場地，最後只來了三個人的慘痛經驗。我也針對網站上的搜尋引擎最佳化對策，進行了多次的錯誤嘗試，同樣也理解賺取點閱率的困難。這些經驗讓我現在可以輕易地就能分辨出什麼是輕鬆的賺錢方法。

現在，偶爾會有一些想創業的人拿著創業企畫來找我討論，甚至邀請我一起加入。這當中有些企畫確實架構很好，也很有理想性，商品具有魅力，就連使用者的便利性也考量得很周全。

不過，卻缺少了在市場上眾多類似服務中脫穎而出、吸引消費者的關鍵因素，對於如何蒐集客源也沒有提出任何對策。

這些企畫中，大部分的使命或商業模式都很好，卻都疏忽了最重要的集客和廣告宣傳方面的想法。

過去，我也曾反省過自己的失敗，甚至陷入自我厭惡的念頭中。但最近，我已經不再反省了，連帶的較少陷入沮喪的心情中。

現在我認為，與其反省，「分析原因和思考對策」才能使心情恢復平穩，更能讓自己獲得成長的助力。

38

捨棄「社會嚴峻」的心態

無法捨棄的人

被迫過著艱困、不自由的生活。

成功捨棄的人

人生變得更輕鬆。

有人應該聽過「社會是嚴峻的」、「社會沒有那麼好混」、「那種天真的想法在社會上是行不通的」等說教吧，甚至也有人對這些論點深信不疑。

不過，和小時候的感覺相比，現在的狀況反而讓我覺得「這個社會怎麼變得這麼美好！」、「這個社會也太輕鬆了！」。

因為許多企業所提供的商品和服務，都把我們的生活帶往更輕鬆、更富裕、更自由的方向。

以食、衣、住為例，過去，衣服屬於高價品，但如今隨著UNIQLO和H&M等快速時尚的出現，衣服不僅變得更多元豐富，價格也有了極大的跌幅。

從食的方面來看，拜廉價外食連鎖店之賜，現代人的外食費負擔比以前減少許多。超市中，也有很多低價的自有品牌商品，如果是講究食安的人，也可以直接向農家購買農產品。無論是衣服、食品或生活用品，各種網路商店等網購平臺應有盡有，不管住在哪裡，日常生活都不成問題。

在住的方面，過去我到東京生活的那段時間，正好是泡沫經濟全盛期，當時租房子付兩個月訂金是理所當然的事，如今則普遍都不需要付訂金。郊區或鄉下地方或許醫療、行政服務等比較不完善，但無論是價值好幾百萬日圓或是租金只要一萬日圓的獨棟住宅，到處可見。

◉「社會是嚴峻的」，這種想法的愚昧之處

至於教育和工作方面，我小時候那個年代，大家都認為不讀大學就沒辦法找到比較好的工作，但到了現在，學歷已經和工作漸漸脫離關係了。

就算是優質的講課，也可以透過網路上的影片免費盡情觀賞，無論在世界各地，都能藉由電腦或手機邊看邊自我進修。

如今的職業選項也變得非常多，甚至能找到世界各地企業的工作。同時，也能透過網站盡情搜尋海外求職訊息，再加上獵人頭挖角愈來愈普遍，轉換跑道也不再像過去那麼困難了。

不只實際生活方面變得更便利了，就連在投資方面，股票投資的手續費比起以前大幅下降，外匯交易的點差[1]也變得非常小。只要有空，隨時隨地都能透過手機下單交

易，輕鬆賺點小零用錢。現在，有時會出現大學生藉由經營網路公司或線上交易賺到上億元的新聞，這也完全是拜時代環境所賜。

沒有任何資金也能逆轉勝，賺取財富。普通人和有錢人之間的隔閡漸漸消失了，成了一個極度自由的經濟社會。

這些全都是我學生時代所無法想像的世界。

如今，社會上的所有人都在為更便利、更自由的生活而努力著。或許是因為知道過去的艱困，因此覺得再也沒有比現在更美好的時代了。

當然也有不少負面的變化，例如，社會新鮮人的就職內定率比以前要來得低、退休金減少、社會保險的負擔變多、給付變少、該繳納的稅額變多等。但以整體生活層面來看，如今的便利已經讓人感到不可思議了。

在如此優渥便利的時代中，為什麼還會有人說「這個社會是嚴峻的」呢？每當看到有人主張「日本沒有希望了」或「這個社會已經看不到夢想」之類的論點，我都會覺得「要說夢話等睡覺之後再說吧」。

◉現代人都把事情想得太困難了

一旦認為「社會沒有那麼簡單」或「社會是嚴峻的」，面對新事物時就會變得裹足不前。

此外，面對不合理的狀況時，也會開始產生非忍耐不可的心態，把困難的事當成有意義的事，甚至會把事情想得比實際上更嚴重、更複雜。

但事實上，這一切真的完全不是如此。失敗了，只要重新來過就好，只要不是將全部財產一次投入，都會有東山再起的機會。

曾有人說過，日本是個對失敗者相當嚴厲的社會。但所謂失敗者，究竟指的是什麼人？是事業失敗的人嗎？

失敗了，只要重新來過就好。就算公司倒了，也不會受到任何限制，任何人都可以重新創業。

這麼說來，不就表示任何事情都做得到了嗎？

1點差：spread，指貨幣買價和賣價之間的差距。——譯者注

大多數人都把社會想得太困難了，事實上，這個社會出乎意料地相當簡單輕鬆。只要像這樣念頭一轉，就能看見許多機會朝著你而來。

39

捨棄學歷和資格證照

無法捨棄的人

被認為是太閒的人。

成功捨棄的人

自我投資能獲得最大的回報。

我一直有個疑問，小學↓國中↓高中↓大學↓工作的求學過程，真的是正確的嗎？我們的教育內容有符合時代的變化做任何改變嗎？我會這麼說的原因是，當今社會上的就業機會和以前相比之下，已經有了極大的改變。

◉孩子的工作將是如今尚未出現的職業

舉例來說，我剛讀小學時，手機、智慧型手機、網路等都還不存在，教練管理（coaching）和資訊安全管理（information security）也是最近才出現的行業，公寓大廈管理士則是二〇〇〇年之後才出現的職業。

也就是說，現在的小孩在二十年後的將來，所任職的行業，說不定是如今尚未出現的工作。

既然如此就不禁讓人思考，當今教育灌輸孩子既有概念或已存在答案的理論，甚至是反覆記誦固有常識中的知識，到底有何意義？

當然，工作方式和人類心理學、解決問題的方法、創意發想的本質，並非那麼容易就會改變，因此高等教育對大多數人而言，才會依舊重要而存在著。然而，尤其是日本的許多大學，都讓人覺得只是培養研究人員和從業員的一個地方罷了。

◉學校裡學不到可以活躍於世界的能力

創意能力好的人，通常都會自行創業，就算是當上班族，也會是薪資所得高的高層階級。

事實上，在現今的環境中，唯有領先業界、重寫競爭規則的企業，才有辦法獨占利益，例如Apple、Google、Amazon等。尤其是歐美各大企業正努力投入的智慧型革命，不僅改寫了科技業，也改變了汽車產業和能源產業。

除此之外，在這個社交媒體興盛的年代，邀請世界各地的各種專家、職人們，一同進行全球性計畫的工作，已經成了理所當然的模式。

但相對的，今日的學校教育主軸是否也跟著轉變，改以實際能力學習，甚至是講求精密化、高度化的學習？例如，「創造新事物」、「改變固有架構」、「發掘事物本

質」、「透過實際社交學習社交能力」、「與異於自己的主張或價值觀對話」等。

無奈現在大部分的學校教育仍以「考得好成績」為主要方向，姑且不論小學，就連自我意識萌芽期的國中，以及開始探索未來發展的高中，都還是以考試成績為重。

到了大學也是一樣，只重視理論，完全忽略了實務的重要性。這樣的教育對於培育研究人員來說或許很適合，但對於企業人的基礎養成卻完全沒有做到。

換句話說，身為父母非常重要的一點是，必須捨棄學歷為重的教育觀念，為孩子選擇一個讓他能靠自己的能力開創人生的教育方法。

◉資格證照的極限

至今，還是有很多人會為了取得資格證照而去進修。

在過去，擁有證照的人會被視為「有專業技能的人材」或「努力不懈、拚命工作的人」，因此在加薪或津貼、晉升、轉職等各種場合，通常都能獲得不少好處。

不過到了現在，「記憶」已經不再像過去那麼有意義，擁有許多證照的人，只會被

視為「時間太多、太閒的人」。

證照的另一個問題是，現在的工作環境已經呈現供需失衡的狀態了。

舉例來說，從一九八九年以來，司法考試、代書、會計師、稅務士、社會保險勞務士、中小企業診斷士、房地產經紀人等，擁有國家資格證照的人已經增加上百萬人，現在每年約有五萬人會取得證照。如果再加上一九八九年之前的人，數量更是可觀。

除此之外，假使連簿記士和財務規畫顧問等，公家機關資格擁有者也算在內，擁有資格證照的人每一年都以相當龐大的數量在增加中。

然而，在現今這個人口減少的年代，社會上對於資格證照者的需求並沒有跟上產出的腳步，因此造成供給過剩。供給一多，就不難想像會發生削價競爭的情況。在競爭如此激烈的世界中要生存下來，必須得有相當的生意頭腦才行。

當然，我並不是全面否定取得資格證照的作法。

許多資格原本就屬於獨占性質的法律工作，例如稅務士或律師等，另外像是智慧財產權方面的資格需求，今後也會愈來愈大。有些人就是明確地想學習這種獨占行業的高專業技能，進而獨自創業。

不過，如果只是為了「找到工作」而去考取證照，所耗費的時間和精力可以說實在太大了。

因此，在考取任何資格證照之前，都必須先謹慎思考「這個行業是否有市場需求？」、「這樣的市場需求會持續多久？」、「有什麼方法可以將證照轉換為實質的收益？」，最後再做決定。

◉投資若無法「回收」，就沒有任何意義

我同意「三十歲之前要投資自己」的論點，不過既然是投資，就一定要有所回收才行。也就是說，在進修考證照之前，必須先想好之後要怎麼回收。

最重要的回收方法，當然就是賺錢了。企業家的進修，最後都可以用「讓自己賺到多少錢」為指標來評估。

因為只有讓客戶高興，證照資格才有辦法轉換成金錢。無法轉換成金錢的進修，對社會一點意義也沒有，充其量只是興趣、打發時間罷了。

◉學習與實踐同時進行

以賺錢為目的的自我投資，也可以視為一種「身體記憶式的學習」。

例如，看了一本文案撰寫技巧的書後，就立即動手嘗試寫文案；知道頂尖業務員的技能之後，回到家立即試著模擬狀況演練一番；學會了新的英文片語，就馬上反覆使用練習。

像這樣隨時留意將學到的常識直接連結成身體動作，把抽象的知識轉換為具體的實踐，對學習來說是非常重要的一環。

也就是說，企業家的進修，與其選擇記憶式的方法，不如以身體來學習，也就是學會後立即實踐。隨著實戰經驗的累積，就能從中獲得邁向成功的能力。

40

捨棄放大欲望和需求

無法捨棄的人

看不見生活中的小確幸。

成功捨棄的人

變得更知足。

我過去一直認為「創業就要開大公司」。

因為經營者的角色理所當然就是要創造就業機會，聘用許多人，租借氣派的辦公室，擴大營業規模。

每天的工作就是為了員工及公司的發展。而這應當就是我存在的意義、展現自我的方法，也是工作的意義所在。

不過，漸漸地，我開始感覺到這樣的想法和我一直期待的「自由的生活方式」，似乎背道而馳了。

於是，我把房地產買賣和聲音訓練課程的營運等公司主要業務全部劃分出來，交由其他經營者來負責，剩下的一些企畫案則委託外包公司或以異業合作的方式來進行。

我退掉了市中心的辦公室租約，將自己家兼當工作室使用，也解聘了所有員工，賣掉所有庫存和各種辦公室機器，成了一人公司，改以「沒有資產的經營手法」進行。

如今，一般日常業務幾乎都在網路上完成，就沒有出門上班的必要了。平時趁著思索新事業企畫的空閒時間做點線上投資，或是到咖啡店寫書稿，每個月還有幾場演講。

與全盛時期公司營業額數億日圓的過去相比，現在的收入當然減少許多，但因為幾乎沒有任何支出費用，利潤反而增加不少，成了年營業額等於年收入的狀況。

雖然還有努力的空間，但如今的我總算能過著自由與財富兼具的生活了。

◉他人的真實不等於自己的真實

透過這樣的經驗，我體認到一個事實。

雖然大家都說，「公司就是要大才好」、「增加就業機會是經營者的使命」，但如果做這些事沒辦法讓自己快樂，對自己來說就不是真實的。

即使這是個尊崇「專一」的社會，但面對工作和行業，就算不專一也無所謂，轉換跑道再多次都沒關係，也可以同時身兼好幾份工作。如果魚與熊掌都能兼得，當然比較快樂。

很多人都會說，「逃避就是認輸」、「加油」、「有志者事竟成」等，但這類道德意識或來自周遭的壓力，事實上將會限制了你的行動。

不過，就算跌倒也能重新站起來，甚至嫉妒也能讓人因此再重新振作出發。任何情緒感受，都能成為人生向前邁進的動力。只要能讓自己快樂，任何事情都有可能。

真實或價值觀會隨著不同見解而千變萬化，只要意識到這一點，就能讓自己從一般常識或他人的眼光中得到解脫。只要解開這層束縛，無論心靈或行為都能變得更自由。

◉受到企業行銷手法蠱惑的現代人

在日常生活中也是一樣，一般人都太容易擴大自己的欲望和需求了。受到政府或企業的行銷手法所影響，一般人都被灌輸了「理想人生」或「夢想的生活方式」的觀念，因此經常「不斷地提高消費層級」。

於是，我們欺騙自己把沒有效果的東西當成有效而買下，將沒有必要的東西視為必要而買單，在「機會難得」、「你值得更好」等行銷話術的催眠下，買下高價的物品。

身為企業家，甚至是經營者的我們，每天努力工作就是為了要「賣出更多商品」。但從消費者的角度來看，這等於是「向企業掏出自己的錢包」。

在工作上，想盡辦法讓消費者掏出錢包；在生活中，被迫掏出自己的錢包。現今的

我們，就是這樣被迫同時生活在立場如此對立的兩端。

一般來說，放大欲望或需求當然也會激發鬥志，不過，有時候以自己的生活水準和狀況來說，放棄擴大需求反而能夠得到更知足的生活。

舉例來說，真正需要用到大坪數房子的時機，差不多就是孩子成年之前的大約二十年左右，過了這段時間，家裡就只剩夫妻兩人而已，因此如果要換房子，舊屋重新裝潢的方式應該會比較合理。這麼一想，就不會再受惑於「買新房子」的說法了。

比起不知道食材來源的外食，自己買安全無虞的食材回家，和家人一起料理，反而比較快樂，就不會再受到美食情報所吸引了。

對於舊有的衣物，只要稍微整理一下，就能保持原來的良好狀態，使用好幾年都沒問題，如此一來，就不會掉進時尚潮流的陷阱裡而每年買新衣新鞋了。

生活水準高和充實的生活，不一定會畫上等號。就算不花錢、不買昂貴品、和大家過得不一樣，但只要改變自己的想法，就能過得十分快樂的生活。

和喜歡的人在一起，就算只是喝一杯咖啡，也會是心滿意足的時光。

好習慣，害死你：你以為的好習慣，正在耽誤你的人生

1つずつ自分を変えていく 捨てるべき40の「悪い」習慣

初版原書名：《丟掉40個「虛假」的好習慣——放下似是而非的假東西，你才能在成功的路上遇見真實的自己》

作　　者——午堂登紀雄
譯　　者——賴郁婷
封面設計——張　巖
內文編排——林鳳鳳
執行編輯——洪禎璐
責任編輯——劉文駿
行銷業務——王綬晨、邱紹溢
行銷企劃——曾志傑
副總編輯——張海靜
總 編 輯——王思迅
發 行 人——蘇拾平
出　　版——如果出版
發　　行——大雁出版基地
地　　址——台北市松山區復興北路333號11樓之4
電　　話——（02）2718-2001
傳　　真——（02）2718-1258
讀者傳真服務—（02）2718-1258
讀者服務E-mail— andbooks@andbooks.com.tw
劃撥帳號 19983379
戶　　名 大雁文化事業股份有限公司
出版日期 2021年5月 再版
定　　價 350元
ISBN 978-986-06523-3-8

國家圖書館出版品預行編目資料

好習慣，害死你：你以為的好習慣，正在耽誤你的人生／午堂登紀雄著；賴郁婷譯. – 初版. – 臺北市：如果出版：大雁出版基地發行, 2021. 05
面；公分
譯自：1つずつ自分を変えていく 捨てるべき40の「悪い」習慣
ISBN 978-986-06523-3-8（平裝）

1. 自我實現 2. 職場成功法

177.2　　110007120

如果